AF607667

Carmen Amoraga (Picanya, Valencia, 1969), periodista y escritora. Es autora de *Para que nada se pierda* (1997, II Premio de Novela Ateneo Joven de Sevilla), *La larga noche* (2003, Premio de la Crítica Valenciana), *Algo tan parecido al amor* (finalista del Premio Nadal 2007), *El tiempo mientras tanto* (finalista del Premio Planeta 2010), *El rayo dormido* (2012) y *La vida era eso* (Premio Nadal 2014), *Basta con vivir* (2017), *El corazón imprudente* (2023) y *La memoria infiel* (2024). Con Maxi Roldán ha escrito la crónica periodística *Lágrimas de barro* (2025).

MANUAL PARA ESCRIBIR CON ALMA

Carmen Amoraga

© **Texto:** Carmen Amoraga
© **De esta edición:** Altriam Media & Events, S.L.
Edición: Xavier Bellot y Manolo Gil
Diseño de la colección: alquadrat (www.alquadrat.com)
Impressión: Global Label
1ª edición: Abril 2026

ISBN: 979-13-992104-1-5
Depósito legal: V-1692-2026

Colección Conceptos
Altriam Media & Events, S.L.
Calle del Pare Tomàs de Montañana, 22, 1—D
46023 València
www.vincleeditorial.com
info@vincleeditorial.com

1. EL VIAJE DE LA ESCRITURA

Hay palabras que contienen un universo, porque hay palabras que contienen la vida. Novela es una de ellas. Decirla en voz alta ya nos arrastra. Nos abre puertas a caminos infinitos. A vidas que no son nuestras, pero que, al leerlas, lo son más que la propia. A un orden que no existe sin letras. Escribir ordena. Escribir, nos ordena.

Peter Pan, el niño que nunca crece, nació tras la muerte del hermano mayor de JM Barrie. Anne Rice escribió en poco más de un mes *Entrevista con el vampiro*. Su hija de cinco años había muerto poco antes. Pero escribir no está relacionado con morir, ni siquiera con sentirse mal. Al contrario: hemos de escribir cuando estamos mal y cuando estamos bien. El hecho de crear vida a través de las palabras merece otro verbo, uno distinto, más acorde con lo que significa. Escrivivir sería más adecuado. Escrivividores, es lo que somos.

Es lo que soy yo, y es lo que eres tú, que me estás leyendo y que te planteas darle forma de novela a algo que, de momento, solo está en dos partes de ti: en tu cabeza y en tu corazón. Tienes ganas de escribir, pero no sabes bien cómo hacerlo. O tal vez te niegues la posibilidad de ser lo que eres, porque realmente eres una escritora, un escritor. Si has llegado hasta aquí es porque tienes la necesidad de contar por escrito una historia que te corre por las venas.

Y eso te convierte en escritor, de la misma manera que lo son los autores y autoras a los que no dejas de leer. Al margen de lo que pase con lo que escribimos está la necesidad imperiosa de escribirlo. Como comer, como dormir, como beber o como cualquier otro verbo que se os ocurra. No es un deseo ni un impulso: es una necesidad.

En este manual vas a encontrar las reglas elementales para que el proceso de escritura te resulte más sencillo, pero sobre todo, en estas páginas hay dos ideas básicas. La primera es esta: para escribir tienes que darte permiso. Tienes que dejar de pensar que tú no puedes, no sabes, no debes. Porque no es cierto.

Y la segunda tiene que ver con hacértelo fácil y no hay mejor manera para conseguirlo que planificar lo que quieres escribir antes de escribirlo. Decía Jules Renard que escribir era una manera de hablar sin ser interrumpido y en esa línea, planear la escritura es una manera de no perder el hilo de lo que uno quiere decir. No se trata de seguir un guion rígido, sino de comprender que incluso las novelas más intuitivas tienen una lógica interna que sostiene su emoción.

Por eso, antes de empezar, conviene que mires tu historia desde fuera. Pregúntate: ¿qué quieres contar realmente?¿cómo quieres contarlo? ¿qué quieres transmitir y qué quieres que sienta quien te va a leer? Las respuestas no serán una fórmula, sino una brújula. Y escribir una novela, al fin y al cabo, es emprender un viaje: nadie querría hacerlo sin mapa, sin mochila, sin saber si va al norte o al sur. Aunque luego te salgas del camino

Porque escribir es como viajar, así que vamos a enfocar este tiempo que vamos a compartir como si fueran nuestro propio viaje.

Y cuando empezamos un viaje, lo esencial es comprometernos. Vamos a viajar, y no abandonaremos el viaje pase lo que pase. Y luego podemos pensar dónde queremos ir, con quién, en qué medio de transporte, en qué tipo de alojamiento, de cuántas estrellas, por cuánto tiempo. Y eso es lo primero que tenemos que hacer con nuestro proyecto de escritura, comprometernos, al mismo tiempo que nos hacemos una pregunta vital: ¿por qué quiero hacerlo? No para qué. ¿Por qué? Nuestra motivación es la gasolina que va a hacer que nuestro viaje siga adelante. Porque es largo, a veces pesado, a menudo nos quitará tiempo para hacer otras cosas como dormir, como estar con nuestros amigos o nuestras familias, o nos hará pensar que el resto del tiempo que no le estamos dedicando a escribir es un tiempo perdido. Nos sentiremos cansados, frustrados, angustiados. Pero si sabemos por qué lo hacemos, será menos cansado, menos frustrante y, desde luego, mucho menos angustioso.

Yo escribo porque el mundo, escrito, me resulta más soportable. Porque hay momentos que no puedo soportar si no escribo. Porque me siento menos sola. Porque cuando leo, siento que hay alguien al otro lado, y yo quiero ser ese alguien para otra persona.

¿Por qué quieres escribir tú?

Escribir es como viajar, decía. Hay personas que viajan por placer y personas que viajan por diversión. Hay viajeros y hay turistas. Un turista viaja para divertirse, no siempre con cuidado, no siempre con respeto, pero lo pasa bien

Un viajero en cambio viaja por el gusto de viajar de conocer otros mundos otras culturas otras vidas. Es una manera de ser, de estar en el mundo, por placer.

En la escritura todos deberíamos ser viajeros. En el momento de escribir deberíamos hacerlo por nosotros mismos sin pensar en qué ocurrirá luego con lo que hemos escrito, porque lo que escribimos al final es como un pájaro que no sabemos dónde va dónde se va a posar cuál será su vuelo. Pero, eso sí, podemos intentar dirigirlo.

La magia de la escritura

Hay algo profundamente misterioso en el acto de escribir. Una hisoria no existe. No está en ningún sitio. Y sin embargo, nace. Desde el corazón, pasa al pensamiento. Del pensamiento, a los dedos. Y de los dedos al papel. A la pantalla. A los ojos de otro.

Ese otro, que nunca has visto, lo lee. Lo siente. Lo interpreta. Y entonces ocurre el milagro: lo completa.

Lo que empezó en ti, termina en otro. Eso es magia. No hay otra palabra.

La creatividad fue concebida originalmente como una fuerza divina o sobrenatural, representada por figuras como las Musas en la antigua Grecia, que inspiraban a poetas y artistas desde fuera. En el mundo religioso occidental también se consideraba que solo Dios era el verdadero creador, mientras que la inspiración humana era vista como una manifestación de lo divino o revelación.

Durante el Renacimiento, este paradigma sufrió una transformación notable: la creatividad pasó de considerarse un don externo a convertirse en una capacidad interna, individual y humana. Gracias al Humanismo, se reivindicó al artista como génesis de su obra. En este contexto, el «genio» dejó de ser una entidad observadora y externa, para convertirse en el atributo esencial del artista inconmensurable, una idealización con consecuencias psicológicas profundas.

Recuperando esa idea primaria, Elizabeth Gilbert propone una visión reparadora en su charla *El genio de la creatividad*: argumenta que es menos dañino concebir la creatividad como una fuerza externa o «genio visitante», que como un atributo personal inmutable Esta perspectiva, además de aliviar la carga del ego creador, nos permite entender el proceso creativo como una colaboración misteriosa entre nosotros y algo más grandioso, liberándonos del temor a equivocarnos o a no estar a la altura. Y dice algo más: tanto si el genio te visita como si no, tú has de hacer tu parte. Yo siempre recomiendo ver esta charla al inicio de todas mis clases. Es inspiradora, y tranquilizadora.

Que no se te olvide. Haz tu parte.

La Santísima Trinidad de la creación

Aristóteles definió los principios de la creación hace más de dos mil años, en la *Poética*. Entre otras muchas cosas de infinita utilidad, dejó dicho bien claro que los escritores no contamos las cosas como ocurrieron sino como deberían haber ocurrido. Por eso, se dice tantas veces que la literatura imita a la vida. Pero no se limita a imitarla: la corrige y la mejora.

La literatura, la novela, manipula la realidad para darle forma, para darle sentido. En la vida pasan cosas, y la mayoría de las veces son incomprensibles. ¿Por qué ocurren los accidentes? ¿Por qué nos toca la lotería? ¿Por qué hemos conocido a esta persona? No lo sabemos y si creemos que lo sabemos es porque rellenamos lo que no sabemos con nuestra imaginación.

Pero la verosimilitud, la coherencia y la causalidad son la Santísima Trinidad de la novela, el dogma de fe que las sostiene:

- **Verosimilitud**. La verosimilitud es lo que hace creíble lo que estamos contando, por increíble que parezca. Hablamos de verosimilitud narrativa, de lógica ficcional dentro del universo que contiene una novela.

Hay un truco previo, un pequeño secreto que conocemos como lectores pero que explotamos como escritores: el llamado «Pacto lector». Cuando nos disponemos a leer un libro nos comprometemos a creer lo que nos va a contar, suspendemos la incredulidad con la que vivimos y nos entregamos al disfrute de la lectura. Pero no es un cheque en blanco: el autor, la autora, antes, ha firmado también su parte del pacto y se ha comprometido a contarnos su historia de la forma más creíble posible, de la forma más verosímil posible.

- **Coherencia.** Todo tiene que ser coherente, ya lo hemos visto, pero ¿qué es la coherencia aplicada a la novela? La lógica, simplemente. Todo tiene que ser el criterio lógico que queramos imponer.

Un ejemplo muy corriente: nuestro protagonista tiene miedo a los perros debido a un incidente traumático en su infancia. A lo largo de la historia, este miedo se refleja en sus acciones y decisiones, y finalmente, al enfrentarse a un perro en una situación crucial, logra superar su temor gracias a un proceso de aprendizaje interno coherente con su desarrollo como personaje. Esto es coherente. Pero si en esa misma novela, de repente, el protagonista supera su miedo a los perros sin una razón clara o una evolución lógica en su carácter. Esta falta de coherencia rompería con la verosimilitud del relato, ya que no estaría fundamentada en la lógica interna de la historia ni en la construcción del personaje.

- **Causalidad.** A nuestro protagonista anterior le ha mordido un perro de pequeño. Este incidente le ha traumatizado. Causa/efecto. Esto es la causalidad. Si metemos este incidente, esta mordedura, pero no pasa nada después, estaremos infringiendo un mandamiento literario, el que nos dice que todo lo que pasa en una novela es causa de algo que ha pasado antes y provoca una consecuencia que veremos después, y además habremos mencionado en vano el nombre de Chéjov. Chéjov fue quien dijo: no metas una pistola en una escena si no piensas dispararla, y dio nombre a una teoría literaria con ese nombre, la pistola de Chéjov: todo elemento que se introduce debe tener una razón de ser y cumplir una función en la historia.

La causalidad es fundamental para darle coherencia y verosimilitud a la historia, ya que permite que los acontecimientos se encadenen de manera lógica y creíble, manteniendo así el interés del lector y contribuyendo a la cohesión del relato

La vida no es siempre verosímil, ni es siempre coherente, ni siempre se sigue la relación causa efecto. Pero en la novela encontramos ese oasis, ese lugar donde todo tiene un por qué, una razón de ser, donde los malos pagan por sus malas acciones y si no pagan, es por algo, por algún motivo que al autor le ha parecido bien introducir en la ecuación.

La novela, en definitiva, es un acto de fe. Fe en que hay sentido, en que las historias importan. La vida es caos. Pero en la novela, todo tiene causa. En la vida, las cosas suceden. En la novela, tienen sentido. Por eso decimos que la novela mejora la vida. Le da coherencia. Le da belleza. Le da redención.

2. LOS PERSONAJES: EL ALMA DE LA NOVELA

Podríamos resumir lo que es una novela diciendo que es la historia de alguien al que le ocurre algo y después ya no es la misma persona. Las novelas nos cuentan la transformación de un personaje. Ese cambio no solo lo afecta a él: altera el mundo que lo rodea, sacude a quienes lo acompañan, rompe y reconstruye lo que parecía inmutable. Eso es una buena novela. No la descripción de lo que pasó, sino el viaje íntimo de alguien que se atrevió a cambiar, que no tuvo más remedio que cambiar.

Los personajes de las novelas son como las personas que viven la vida, pero con dos diferencias fundamentales:

- Hacen que sintamos con ellos, a través de ellos. Sus acciones, sus peripecias, provocan nuestros sentimientos mucho más que las de las personas reales.
- Les conocemos más profundamente que a nuestros compañeros de vida.

Eso sí, para que se den estas dos diferencias, sus creadores deben haberles construido bien. Si no, nos dejarán indiferentes, no les creeremos. No les querremos.

Antes de hablar de cómo abordar la creación de nuestros personajes, volvemos a remontarnos, de nuevo, a Aristóteles y su *Poética* para comprender mucho mejor por qué se produce esta identificación entre personaje y lector: porque la literatura imita a la vida.

Desde hace más de veinticuatro siglos, sabemos gracias a Aristóteles que toda obra dramática presenta a personajes que imitan a personas que protagonizan acciones. Pero no cualquier tipo de acción: lo que se imita es lo que provoca emoción. Es decir: podemos, y debemos, modificar lo que estamos contando para provocar la emoción. Y esto se consigue a través de los personajes.

Los personajes son los instrumentos para contar la historia. Y esta historia se cuenta a través de los cambios que sufre este personaje, llamémosle protagonista, llamémosle héroe. Recordad: el héroe viaja, el héroe es esa persona a la que le pasa algo y después ya no es la misma persona. Y no solo cambia el héroe: su cambio provoca cambios en el resto del mundo ficticio, en los personajes que le rodean.

Los personajes toman decisiones y provocan que los lectores emitan juicios sobre sus acciones, como si fueran reales. De hecho, cuando leemos nuestros sentimientos son reales.

Tenemos que estar preparados para crear buenos personajes, personajes que calen en quienes nos van a leer y también en nosotros mismos cuando los estamos escribiendo. ¿Cómo saber si es bueno o malo un personaje? No en relación con sus acciones. Podemos hacer un buen personaje que sea un asesino múltiple, un personaje con acciones y objetivos reprobables, y podemos hacer un personaje malo que sea candidato al Nobel de la Paz. La diferencia entre uno y otro está, sencillamente, en la coherencia de sus acciones y en la transformación que vive mientras busca conseguir su objetivo.

En este punto, es importante que distingamos dos aspectos muy importantes sobre nuestro papel a la hora de escribir un personaje: el carácter y la caracterización.

La caracterización son datos externos del personaje: edad, complexión, forma de vestir, educación y ocupación, hobbies...

El carácter, en cambio, se revela en los momentos de dificultad y presión por los que atraviesa y las decisiones que toma o no toma ante los conflictos que se le presentan. Esta distinción permite «conocer la verdad» sobre el personaje, su verdadera identidad: ¿es amable o cruel, generoso o egoísta, fuerte o débil, honesto o mentiroso, valiente o cobarde?

En el libro El arte de la escritura dramática, de Lajos Egri, hace una suposición que ilustra esta situación. Nos propone imaginar Romeo y Julieta si Hamlet, y no Romeo, se hubiera enamorado de Julieta. Inevitablemente la obra hubiera tomado un camino diferente porque Hamlet no es Romeo, ni actúa como Romeo.

La caracterización hemos de describirla. El carácter, hay que mostrarlo. Un personaje es rubio o es alto y puede bastar con decirlo. Pero si es malvado o generoso, o miedoso o valiente, hay que ponerle frente a situaciones en las que se muestre su maldad o su valor.

¿Y qué conseguimos haciéndolo así? Que quien nos está leyendo descifre con sus propios códigos mentales lo que nosotros hemos creado, que esté dentro de la historia.

Para mostrar en lugar de describir, tenemos que revelar detalles específicos que contengan la información necesaria pero que no distraiga al lector de las emociones que le produce nuestro relato. ¿Cómo?: a través de acciones, palabras, apariencia y pensamientos,

- **Acción.** Nos delatan nuestros actos, especialmente nuestra forma de resolver situaciones de conflicto. Y nuestros personajes, ya lo dijo Stephen King, pon personajes interesantes en situaciones difíciles y escribimos sobre ellos para descubrir qué sucede

Si no le gustan los animales puede darle una patada a un gato; si es incívico, puede tirar la basura fuera del contenedor. Si no es honrado, puede engañar a la cajera del supermercado con el cambio.

- **Habla.** Sabremos mucho de nuestro personaje por su forma de hablar. Si usa o no muletilla; si habla o no con corrección. Si tiene cualquier acento o usa expresiones infantiles o pasadas de moda.

- **Apariencia.** Cómo viste una persona, qué estilo tiene su pelo, qué lemas lucen sus camisetas o la marca de su bolso... da una información valiosísima de los personajes,
- **Pensamiento.** Podemos conocer lo que piensa. Tenemos, como lectores, ese privilegio que no tenemos como seres humanos. Y no hay nada más revelador que saber la diferencia entre lo dicho y lo sentido, lo pensado.

El arco del personaje

Nuestro relato debe mostrar los cambios y modulaciones que se producen en el carácter del personaje al enfrentarse con los conflictos. Es decir: entre el principio y el final de una historia, se produce un cambio en el personaje principal. El cambio debe tener consecuencias no sólo para el protagonista, también en el mundo que le rodea.

A este cambio, se le llama «Arco del personaje», «Arco dramático» o «Arco de transformación». El protagonista aprende, madura, gana, y lo hace en virtud de sus propias decisiones. Esto es: no decide por azar, o por impulso de otros personajes sino que decide en función de su carácter, de sus sentimientos. Es libre.

Para que la transformación del personaje sea verosímil es necesario haber sembrado antes en él lo que va a cosechar al final, ir dejando pequeñas pinceladas con sus pequeños cambios. Recordemos que nuestro personaje va a imitar a una persona real, y las personas reales cambiamos poco a poco, no de la noche a la mañana. Por ejemplo: a medida que la historia avanza, defectos del protagonista vayan convirtiéndose en virtudes o por lo menos, se advierta un esfuerzo por mejorar.

La coherencia de nuestro personaje no se limita a sus acciones: también a sus emociones y su reacción a ellas. Son sus emociones, su carácter, la llave para que nuestros personajes alcancen la verdad. Alegría, miedo, amor, ira, sorpresa, confianza, preocupación. La llave para entrar en este mudo de ficción es la credibilidad y el mundo será o no creíble por la coherencia de las emociones.

Y aquí retomamos la cuestión de los personajes buenos o malos. La respuesta no depende de sus componentes éticos o morales. Un personaje será bueno si hemos conseguido dotarle de vida, de vida humana: sentimientos, hábitos, libertad de acción.

Los personajes son el motor narrativo que llevan a los lectores desde la primera hasta la última página, siempre y cuando consigan hacer que a los lectores les importe lo que les están contando, lo que a ellos les está pasando.

Ahí está el secreto: en conseguir, a través de las palabras, que los personajes contenidos en las letras, en las palabras, tomen forma de cuerpo humano que camina, que respira, que ama, que asesina, que vive y piensa y tiene unas emociones lo suficientemente fuertes como para hacer que nosotros nos emocionemos con ellos.

Personajes en busca de un objetivo

El *quid* de la cuestión es no construir personajes planos sino profundos. La base de esta profundidad se encuentra en su deseo de conseguir algo que no tiene –el amor, resolver un crimen, encontrar algo o alguien perdido–.

Todo personaje debe querer algo. Debe perseguir algo en la historia que vamos a contar. Debe desear algo.

¿Qué buscan los personajes en las historias? Todos los personajes en las historias quieren o buscan algo. Puede ser el amor, la venganza, robar un banco, recuperarse de una enfermedad, regresar a casa. No importa la envergadura del deseo sino la intensidad con la que desea.

Cuando el personaje desea algo, buscará la forma de obtenerlo y eso, a su vez, provocará la empatía de los lectores.

Es importante que huyamos de los personajes sometidos a clichés. Es decir, tenemos que buscar su tridimensionalidad. Es la complejidad de los seres humamos lo que nos hace atractivos, y a los personajes también. Un personaje no es solo una característica, sino que se constituye a partir de una serie de estas que se relacionan e influyen entre sí.

Cuando hablamos de tridimensionalidad nos referimos a tres dimensiones esenciales de los personajes: cómo es física, psicológica y sociológicamente.

Debemos evitar a toda costa que nuestros personajes respondan a los estereotipos más habituales: un argentino hablador, un funcionario amargado, un ama de casa aburrida. Puede que sean eso. Pero no sólo son eso y esa reducción la sorteamos con los detalles. Detalles físicos, y detalles psicológicos. Detalles de su presente, de su pasado, de su futuro en forma de sueños. ¿Verdad que ninguno de nosotros somos iguales ni hablamos de la misma forma? Nuestros personajes, tampoco.

En la búsqueda de un buen personaje, conviene alejarse de los personajes de una sola pieza. Nadie es bueno todo el tiempo, ni perverso todo el tiempo. Incluso el personaje de un psicópata asesino múltiple puede y debe tener un espacio de mínima ternura, o de sentido del humor, o de duda.

¿Cómo conseguimos algo así? Añadiendo alguna característica «redentora» en el caso de los personajes odiosos y alguna que otra odiosa a nuestros buenos personajes. Una, o varias. Tantas como queramos.

Además, el autor tiene un obstáculo añadido: no juzgar a sus personajes (excepto en el caso de narrador en primera persona, que entonces podemos usar sus emociones al narrar).

El personaje debe ser original. Existen unos modelos pre-existentes para crear personajes. Son los arquetipos que nos hacen pensar como son las brujas, los sabios, los príncipes azules. Pero las buenas brujas, sabios y príncipes azules tienen algo más, algo que los diferencia y hace únicos. Si un personaje no logra diferenciarse lo suficiente, lo más seguro es que caiga en ser un estereotipo.

El estereotipo se crea cuando se utilizan personajes con características exactamente iguales a otros ya existentes, y cuya repetición crea una generalización.. El problema con el estereotipo es que crea personajes predecibles y que no sorprenden. De ahí que debamos ser más creativos.

Como narradores, debemos dotar de coherencia la personalidad y el deseo de nuestro personaje. Debemos construirlo y mostrarlo de tal manera que nuestros lectores no se queden con la sensación de que les hemos mentido, de que este personaje nunca hubiera hecho esta acción. Y para eso, debemos conocer tan perfectamente a nuestro personaje que nos sea sencillo dotarles de coherencia en su personalidad, en su acción continua, en esa evolución que tiene que experimentar en el transcurso del relato. La coherencia narrativa también debería afectar al nombre por el que le vamos a conocer. Podría pasar que una mujer de 80 años de un pueblo de Cuenca se llamase Margaret, pero no parece creíble.

Porque los personajes, coherentes, verosímiles, poliédricos, tienen que evolucionar conforme evolucione la trama.

Esto se aplica especialmente a los personajes principales, pero los personajes secundarios también deben estar construidos siguiendo estos mismos criterios.

Tipos de personajes:

- **Protagonistas.** El personaje en torno al que ha de girar todo y sobre el que se va a desarrollar la historia que escribimos. Puede haber uno, o varios, pero cuidado con incluir demasiados protagonistas ya que podría causarse un caos en la mente del lector.
- **Antagonistas.** Si existe un protagonista, ése debe encontrar su contrapunto, aquella persona que confronte con los ideales de éste. A menudo se tiende a confundir al antagonista con el villano, pero no tiene que ser siempre así.
- **Secundarios.** En un primer plano encontramos a protagonistas, en el segundo nos encontramos, obviamente, a los secundarios. Estos personajes secundarios acompañan al protagonista y pueden ayudar u obstaculizar la consecución de su deseo.

▪ **Personajes en tercer plano.** Poca o ninguna importancia tienen dentro de la historia. Su paso por la misma es casi intrascendente y su presencia efímera. Quizás un herrero que venda su arma al héroe, un tendero que termine asesinado por el villano. Mero relleno en una trama que sobrepasa, y con creces, su importancia en la misma.

La biblia de los personajes

La inspiración para la creación de los personajes está a nuestro alrededor porque la mayoría de los personajes están inspirados en personas reales. Nos demos o no nos demos cuenta, nos inspiramos en personas que conocemos o personalmente o a través de los medios de comunicación.

Esta inspiración siempre debe dejar espacio para nuestra imaginación, para que inventemos características que el modelo no tiene, o no sabemos que tiene.

Yo aconsejo siempre que, antes de escribir, pensemos cómo son nuestros personajes y construyamos lo que en guion se llama la biblia de los personajes. Puede ser lo amplia o lo escueta que necesites, pero debe contener la suficiente información como para que conozcas a tus protagonistas.

▪ **¿Quién es tu personaje?** Si tuvieras que definirte a ti mismo, ¿qué dirías? Es muy distinto decir «soy abogado» que decir «soy alemán». Denota una personalidad diferente, una manera diferente de estar en el mundo. A eso se le llama «Identidad primaria» y es lo primero que debes saber de tu personaje para que su personalidad avance firme y no te olvides de quién es cuando le vayas dando forma tridimensional.

- **Personalidad.** ¿Cómo es tu personaje? ¿es hablador, es tímido, es valiente, es inteligente, es torpe.....? Dale todos los rasgos que creas que forman su personalidad.
- **Aspecto.** Detalla la apariencia de tu personaje, pero no sólo el aspecto físico. Por supuesto, describe su color de pelo y ojos, altura, peso, forma de los labios, complexión, belleza o fealdad. Pero también forma de caminar, su expresión cuando está alegre o pensativo.
- **Pasado.** Todos cargamos con una mochila. Para algunos es más pesada que para otros, y algunas personas son capaces de cargar una tonelada como si fueran cien gramos. Tus personajes, también.

Dales esa profundidad con su historia, porque su historia le hará «ser» de una determinada manera en el presente que estamos narrando. Si ha sido abusado o abusador, si ha sido víctima o victimario, si ha sido feliz (a veces, pasa). Si le han roto el corazón una, cien o ninguna vez

- **Hazle preguntas, y respóndelas.**¿Cómo se llama? ¿tiene un apodo? ¿Utiliza alguna muletilla al hablar, o tiene un tic cuando se pone nervioso?

¿Cómo es su familia, y cuál es su relación con ella?

¿Dónde nació? ¿vive todavía allí, o se ha mudado muchas veces?

¿Cuál es su lugar favorito, al que va cuando está contento o enfadado? ¿Tiene redes sociales, sabe idiomas, es sociable?

¿Cómo viste, qué estilo de música o de cine le gusta? ¿Y qué le gusta leer?

Son solo ejemplos. Tú puedes preguntarle lo que quieras, y no siempre las mismas preguntas a todos los personajes. No todos van a tener el mismo protagonismo y no todos van a necesitar la misma profundidad.

Los personajes son como los amigos: unos son íntimos, otros solo son conocidos. Pero de todos necesitas saber algo, algo mínimo, para relacionarte con ellos, para no meter la pata con los nombres o con su estado civil. Con los personajes ocurre lo mismo.

Errores a la hora de crear un personaje.

Al escribir a nuestros personajes, es posible cometer algunos errores que pueden afectar la calidad y credibilidad de la historia. Algunos de los errores más comunes son:

- **Falta de desarrollo.** Es importante dedicar tiempo y esfuerzo a desarrollar la personalidad de los personajes. Si son planos o les falta profundidad, pueden resultar poco interesantes o poco creíbles.
- **Falta de motivación.** Los personajes deben tener motivaciones claras y creíbles para sus acciones por-

que de lo contrario pueden parecer incoherentes o poco realistas. Evita también crear personajes cuyas acciones sean impulsadas únicamente por causas externas o por las circunstancias

- **Estereotipos exagerados.** Evita caer en estereotipos exagerados al crear personajes. Los personajes deben ser complejos y realistas, y no simplemente representar clichés o estereotipos culturales.
- **Falta de evolución.** Los personajes deben experimentar cambios y evolucionar a lo largo de la historia. Si no muestran un crecimiento o desarrollo, la historia puede resultar estática y aburrida. Pero, ojo, si un personaje cambia drásticamente sin una justificación adecuada, puede resultar confuso o poco creíble.
- **Personajes unidimensionales.** Evita crear personajes que solo tienen una característica o rasgo dominante. Deben ser multidimensionales y tener una variedad de rasgos, emociones y motivaciones.
- **Falta de conflicto interno.** Los personajes interesantes suelen tener conflictos internos que los hacen más complejos y humanos.
- **Personajes demasiado perfectos.** Evita crear personajes que no tienen defectos o que siempre toman las decisiones correctas.
- **Personajes demasiado predecibles.** Los personajes deben tener sorpresas y giros en su comportamiento para mantener el interés del lector.

- **Falta de coherencia en el diálogo.** Asegúrate de que el diálogo de los personajes sea coherente con su personalidad, educación, contexto y experiencia.
- **Personajes demasiado similares.** Cada personaje debe tener una voz y una personalidad distintiva. Evita crear personajes que sean demasiado similares entre sí, ya que esto puede confundir al lector y dificultar la diferenciación de los personajes.

Ejercicio

- Elige un personaje principal. Puedes inspirarte en tu propia experiencia, o hacer ficción.
- Define su mayor deseo y un obstáculo interno que le impida conseguirlo.
- Crea un personaje secundario que guarde un secreto sobre el protagonista.
- Plantea qué personajes le van a acompañar
- Hazlo con cariño, porque este grupo te va a acompañar durante todo el manual.

3. LOS DIÁLOGOS

Si los personajes son como las personas, sus conversaciones deberían ser como las nuestras. Sí, pero no. Las similitudes y las diferencias entre el diálogo y la conversación son las mismas que entre el baile y el movimiento. Al bailar, nos movemos, pero hacemos algo más. Y con el diálogo literario ocurre lo mismo: no es solo conversar. Se trata de crear la ilusión de naturalidad, con palabras que, sin dejar de sonar auténticas, sean también necesarias, hermosas, y eficaces

Los personajes hablan, entre ellos y con ellos mismos. La conversación de la vida real es banal. Está llena de repeticiones, de muletillas, de frases sin rumbo. Pero el diálogo literario no puede permitirse esos lujos: debe sonar real, pero ser mejor que la realidad. Porque cada frase cuenta y por eso, el diálogo debe ser dinámico, preciso, con ritmo. Hemos de huir de los diálogos repetitivos, de relleno, vacíos.

No se trata de copiar cómo hablamos.

Cuando nuestros personajes hablan, mantienen una conversación. Pero hacen algo más. El diálogo no solo revela: transforma. Cambia el rumbo de los hechos, produce consecuencias. No es un adorno, no es un descanso en la trama. Es parte esencial del motor que mueve la historia.

Cuando dos personajes se enfrentan en una discusión, la tensión crece. Cuando se declaran su amor, la historia da un giro. Cuando uno miente, el lector sabe que algo oscuro se avecina. Todo eso sucede a través del diálogo.

Cuando narramos, decidimos qué mostrar y qué ocultar. Y los diálogos son esa grieta abierta en la narración por donde se filtra la vida. Son lo que sucede cuando el narrador calla y los personajes toman la palabra. En ese instante, la escena se ilumina. Ya no hay mediadores: la historia se convierte en presente, los personajes existen por sí solos, con sus voces propias.

Al escribir, utilizamos escenas y resúmenes.

¿Y qué diferencia a un resumen de una escena? Resumimos cuando condensamos o contamos la acción, y en una escena reflejamos un momento en la vida real, mostrándonos exactamente lo que está ocurriendo. El diálogo aparece en las escenas.

¿Cómo suena la voz de un personaje?

Cada uno habla como puede, como sabe, como es. Por eso es tan importante conocer a nuestros personajes, para hacerles hablar como son. Una joven criada del siglo XIX no dirá lo mismo ni del mismo modo que un astronauta del año 3020. Un niño no se expresa como su abuelo. Una mujer que acaba de perder a su hijo no usará las mismas palabras que otra que acaba de descubrir el amor.

Por eso, escribir diálogos no es solo reproducir el habla. Es esculpir una voz única, personal, irrepetible. Es lograr que cada personaje hable como si pudiera hacerlo sin ti. Que sus palabras no necesiten presentación. Que si alguien escucha uno de sus parlamentos fuera de contexto, pueda decir: «Eso solo podría haberlo dicho ella».

Y esa voz se construye con cada decisión: con su vocabulario, con sus pausas, con lo que repite, con sus coletillas, con las palabras que evita, con las que inventa. Con su manera de nombrar el mundo.

No todos los personajes son locuaces. Algunos se esconden en su mutismo, en frases cortas, en monosílabos. Y eso también es una elección.

Hay silencios que atruenan más que una discusión. Hay pausas que rompen el ritmo de una escena con la misma intensidad que una bofetada. Cuando alguien deja de hablar, algo sucede. Algo nos falta. Y el lector lo siente.

El silencio es también parte del diálogo. Es el reverso de la palabra. Lo que no se dice. Lo que el lector debe imaginar, completar, sufrir.

Y no todos los diálogos son entre personajes. A veces el personaje habla consigo mismo. A veces nos deja entrar en su mente y escuchar sus pensamientos. En esos momentos, el narrador se retira y nos permite intimar con la conciencia de quien protagoniza la historia.

El monólogo interior no necesita justificaciones. Es la voz sin filtro, sin auditorio. Es la confesión más pura. Allí no hay mentiras, solo lo que se esconde en lo más profundo del ser.

Pero los personajes no solo hablan con palabras. También lo hacen con gestos. Con sus manos, con sus ojos, con sus movimientos. Un suspiro puede decir «te quiero» o «me rindo». Una ceja alzada puede ser una pregunta o una amenaza.

Por eso, los mejores diálogos están siempre acompañados de acotaciones: pequeños gestos que completan el mensaje, que lo matizan, que lo contradicen. Porque a veces un personaje dice «estoy bien», pero aprieta los puños. O dice «vete», pero sus ojos suplican lo contrario.

Los diálogos tienen música. Tienen un tempo. Y ese ritmo es lo que marca la tensión, la emoción, la energía de la escena.

Un intercambio ágil, con frases cortas y punzantes, puede parecer un duelo de espadas. Una conversación lenta, cargada de pausas, puede reflejar la pesadez de un adiós. Un diálogo entrecortado puede mostrar nerviosismo. Uno demasiado fluido, puede esconder un secreto.

El escritor, como compositor, debe elegir el ritmo que mejor exprese lo que quiere contar.

Al escribir diálogos es importante tener en claro que estos son un recurso de la narración, y que como todo recurso debe utilizarse con atención a la función que desempeña. El diálogo no se utiliza para llenar páginas.

Funciones del diálogo

Al escribir diálogos se debe pensar en que este debe cumplir al menos una de las siguientes funciones:

- **Caracterizar a los personajes.** El diálogo dice mucho de los personajes: sus puntos de vista, su estado emocional, su educación, su edad, su lugar de procedencia, sus intenciones. El diálogo ayuda a crear la idea de cómo son los personajes dentro de una obra. Además, hay que dejar que hablen como son, como les hemos creado, no como somos nosotros.

- **Relacionar a los personajes.** El diálogo pone a dos o más personajes a interactuar entre sí.
- **Dar información.** Lo que se dice en los diálogos debe ser importante para la narración, tener una razón de ser. La comunicación entre personajes debe generar un intercambio de informaciones que tengan un sentido para lo que se cuenta. Pero, ojo: el diálogo no debe servir para dar demasiadas explicaciones.
- **Mover la acción.** El diálogo no es una acción estática. Lo que se dicen los personajes puede impulsarlos a la acción física. El diálogo debe hacer que algo suceda, que a través de él el lector siga atento del desarrollo de los hechos.
- **Dinamizar la narración.** Demasiadas páginas de descripción o de narración pura pueden hacer un texto más pesado de leer, por eso el uso de diálogos ayuda a crear una dinámica de lectura más liviana. Pero ojo, la cantidad de diálogos de un texto deben definirse en función de la historia narrada, e incluso puede ser una elección del estilo propia del escritor.
- **Mostrar el subtexto.** Las personas no solemos expresar siempre la totalidad de nuestros pensamientos y sentimientos, y los personajes tampoco. Pero, al contrario que en la vida real, la literatura nos brinda la oportunidad de mostrar ese subtexto que en nues-

tra vida queda oculto. Es como si estuviésemos viendo una película con subtítulos.

Cuando el diálogo se produce entre más de dos personajes, cuando es un diálogo coral, ten precaución con los nombres, que no se parezcan demasiado entre sí y no te olvides de nadie. Si están en la escena, tienen que hablar. A veces un «dijeron todos» te salva de un error.

Consejos para escribir diálogos

▪ **Hacer hablar a los personajes con sus propias palabras.** Un error frecuente es hacer hablar al personaje (o actuar) como lo haría el propio escritor. El personaje debe ser autónomo del escritor, tener vida propia. Según sus características (educación, profesión, edad, procedencia) elegirá ciertas palabras y expresiones para comunicarse.

▪ **Diferenciar las voces de los personajes.** Cuando los personajes hablan demasiado parecido confunden al lector. Pero más allá de causar confusión, indica que sus personalidades no están bien diferenciadas.

▪ **Tener cuidado con la extensión de los diálogos.** Hay personajes que son de pocas palabras, otros no paran de hablar. Hay situaciones que exigen de largas explicaciones, otras pueden llevar a que un personaje responda a una pregunta con el silencio. El diálogo debe ser creado a partir del personaje y de las situaciones, por eso conocer con profundidad a los personajes puede ayudar a definir sus intervenciones al hablar. Es un error aquel consejo que dice que los diálogos deben ser breves.

- **Incluir solo aquellos diálogos necesarios.** Lo que se dice en el diálogo ha de ser tan importante para un texto como las descripciones o la narración.
- **Pensar en el subtexto del diálogo.** El subtexto es aquello que no se dice directamente en el diálogo, pero que el lector puede intuir a partir de las palabras. Por ejemplo, según el contexto de una historia el lector puede intuir si al decir «Gracias» un personaje lo hace con sinceridad o con sarcasmo. Otro ejemplo, es que un personaje puede necesitar cierto lenguaje, aparentemente alejado a sus intenciones, para expresar algo que no puede decir directamente. Por ejemplo, un personaje le dice a otro que «Es hora de cerrar el negocio», dentro de una historia esto podría significar que es hora de matar a alguien. De nuevo el contexto de la historia es lo que guía al significado de las palabras.
- **Utiliza señas de identidad como dialectos o dificultades del habla con moderación.** No abuses de dialectos ni expreses un tartamudeo con letras. Es mejor emplear pocas palabras del dialecto (solo unas pocas, para que quede constancia de que quien habla es de otro país, raza o cultura) o explicita que «tartamudea» en lugar de transcribir el tartamudeo

Los malos diálogos suelen tener varias características en común.

- Suenan artificiales, no dan con el tono natural del habla auténtica. Muchas veces suenan «peliculeros»
- No juegan con los registros del habla. Es decir, es imposible distinguir por su manera de hablar a los distintos personajes y a menudo tampoco se puede diferenciar a estos del narrador. Esto sucede cuando el autor no ha tenido en cuenta que todos hablamos de una manera particular en función de nuestra educación, posición social, trabajo, cultura, región…
- O se pasan al extremo contrario. Hay escritores que toman buena nota del consejo de que cada personaje tenga su propia manera de hablar y se afanan en que resulte claramente distinguible cómo habla Juan de cómo habla Juan y de cómo habla Pedro.
- Se abusa de las palabras fuertes y del lenguaje malsonante, en un intento de añadirle expresividad.
- No son literarios. Con frecuencia el autor se esfuerza tanto en que el diálogo suene real, en «copiar» la manera de hablar de la gente de la calle, que se olvida de que está escribiendo literatura, haciendo arte. Los diálogos deben mantener cierto registro poético, literario.

Fallos a la hora de crear diálogos

▪ **Credibilidad.** La credibilidad afecta no sólo a lo que nuestros personajes hacen. También a lo que dicen, a cómo lo dicen. Podemos construir un diálogo creíble sobre situaciones increíbles (ciencia ficción, por ejemplo) pero tienen que ser creíbles con respecto a nuestros personajes y con respecto a la ficción que hemos creado. La credibilidad no tiene que ver con la realidad, sino con la lógica de nuestra ficción.

¿En qué situaciones resulta poco creíble el diálogo de nuestro personaje?

- Cuando habla por hablar, cuando sus palabras no están sometidas a la regla de la contención (recordad, que un diálogo de ficción no es lo mismo que una conversación real, no por la cantidad de palabras sino por la información que contienen)
- Cuando utiliza un lenguaje exagerado con respecto a sus emociones y sentimientos verdaderos (recordad que los lectores le conocen mejor que a un amigo real), a menos, claro, que queramos demostrar que nuestro personaje exagera, o miente.
- Cuando raya el melodrama sin tener la suficiente justificación. El histrionismo desmedido siempre perjudica la narración.
- Cuando ofrece demasiada información.
-

▪ **Lenguaje.** Los fallos de lenguaje aparecen si abusamos de los tópicos, si abusamos de frases exageradamente bellas que llaman la atención sobre ellas mismas y nos sacan de la lectura.

Si rebuscamos entre todas las palabras que conocemos por sus sonoridad, y no nos damos cuenta de que las palabras demasiado largas, complicadas, fuera de tiempo o tan exóticas que no se usan, repercuten en el lenguaje. Fingimientos por mentiras, domicilio por casa.

Volvemos al conocimiento previo de nuestro personaje. Sabemos que si es una persona instruida, leída, usará palabras «rebuscadas» y concretas; si es activo, y directo, usará palabras cortas y si es reflexivo, más largas serán sus frases.

▪ **Contenido.** No debemos caer en el error de que nuestro personaje diga todo lo que se le pasa por la cabeza en voz alta.

El diálogo como herramienta para mostrar el mundo

Los personajes no solo nos cuentan cosas entre ellos: también nos revelan el mundo que habitan. A través del diálogo, podemos entender:

- La época (¿cómo se saludan? ¿qué temas son tabú?)
- La clase social (¿usan cultismos, jergas, frases hechas?)

- El nivel de educación o el origen (¿hay errores gramaticales? ¿regionalismos?)
- El tono de la novela (¿es humorístico, trágico, irónico, absurdo?)

Cada línea de diálogo construye no solo al personaje, sino al universo que lo rodea. Es la ventana por la que el lector se asoma al escenario de la historia.

Diálogo e identidad: construir desde el lenguaje

La forma en que un personaje se expresa nos dice tanto como su historia de vida. Un personaje tímido no hablará igual que uno dominante. Uno que duda no usará las mismas palabras que uno que sedcuce.Uno que ha sufrido no tendrá la misma voz que uno que ignora el dolor.

Por eso, debemos cuidar que cada personaje tenga una voz reconocible, distinta y coherente, porque si todos se expresan igual no seremos capaces de distinguirlos, ni de recordarlos, ni de sentir con ellos.

Tipos de diálogo

En narrativa, distinguimos tres formas principales de presentar un diálogo: el diálogo directo, el diálogo libre y el diálogo indirecto. Cada uno tiene su personalidad, sus ventajas y sus trampas.

- **Diálogo libre.** Cuando las palabras se funden con la narración.

En el diálogo libre, las intervenciones no están marcadas por comillas ni guiones, y no se salta de línea con cada voz. Todo fluye dentro del mismo párrafo, como si las palabras se deslizaran en medio de la narración.

Es un estilo ágil, que da sensación de continuidad y naturalidad. Observa este ejemplo de *Amado Amo*, de Rosa Montero:

¿No te han convocado a una reunión?, preguntaba Matías con cierta insistencia. Claro que no, respondió César, visiblemente molesto. A mí tampoco, dijo el otro en voz baja.

Aquí, las voces aparecen entretejidas en el relato, sin interrumpirlo con la mecánica del guion. Es ideal para momentos en los que lo importante no es destacar el diálogo como unidad, sino integrarlo en el fluir del texto.

- **Diálogo indirecto.** La voz del narrador como intérprete. En el diálogo indirecto, no escuchamos literalmente lo que dicen los personajes. Es el narrador quien nos cuenta, con sus propias palabras, lo que ellos dijeron o pensaron.

El riesgo aquí es abusar de la conjunción que, lo que puede volver la prosa repetitiva. Sin embargo, bien manejado, es un recurso poderoso para condensar información y matizar lo que se comunica.

En *El hereje*, de Miguel Delibes, encontramos un ejemplo magistral:

Don Bernardo replicaba que las cosas marchaban solas y que había que dejarlas avanzar a su ritmo, mientras que Ignacio sostenía que el almacén estaba abandonado y que Dionisio Manrique no estaba capacitado para sustituirle.

Aquí, no escuchamos a Don Bernardo ni a Ignacio directamente, pero sentimos sus posturas, casi podemos oír su tono.

▪ **Diálogo directo.** Es el formato más común: cada intervención de un personaje se presenta de forma separada, usando guiones o comillas, y se acompaña, si es necesario, de incisos del narrador para indicar quién habla o qué hace mientras lo dice. Ejemplo:

—No puedo seguir así —dijo Clara.

—Siempre dices lo mismo —respondió Marcos.

Este estilo da inmediatez y claridad, pero no siempre requiere incisos constantes. También es posible identificar al hablante mediante otros recursos:

- Hacer que los personajes se dirijan unos a otros por su nombre.
- Incorporar acciones vinculadas al diálogo (por ejemplo: Clara dejó la taza sobre la mesa, suspiró y añadió…).

Estas acotaciones cumplen más funciones que simplemente señalar quién habla:

·Aportan vida escénica, haciendo que las palabras «se vean».

Sugieren emociones que no se dicen explícitamente: un gesto nervioso, una mirada esquiva, un suspiro contenido pueden revelar más que una frase.

Más allá del inciso

En el diálogo directo, solemos usar incisos para identificar quién habla («dijo Ana», «preguntó Luis»). Pero no es la única manera.

Podemos indicar el hablante con:

- Vocativos: que los personajes se llamen por su nombre («Marta, pásame la sal»).
- Acciones asociadas: gestos o movimientos que acompañen las palabras (mientras hablaba, dejó la taza sobre la mesa).
- Estas acotaciones, además de señalar quién habla, sirven para:
- Añadir dimensión física a la escena, haciendo que las palabras «se vean».
- Revelar la diferencia entre lo que se dice y lo que se siente (una sonrisa forzada, un silencio tenso).

Convenciones del diálogo

Los diálogos se dividen en dos partes: parlamento y acotación. Pueden ir juntas o no: o es necesario que cada parlamento vaya acompañado de una acotación.

- Parlamento: lo que dicen los personajes, sus frases.
- Acotación: nos da información sobre quién dice qué, cómo lo dice, nos ayuda a «visibilizar» la es-

cena como si fuera una película o una interpretación teatral. Ayuda a hacer «tangible» la escena que estamos (d)escribiendo a través del diálogo.

Una acotación puede ir o no seguida del parlamento del personaje. Es decir, puede que el personaje deje de hablar tras la acotación, en cuyo caso terminaremos con un punto, o puede que continúe hablando, y entonces usaremos de nuevo el guion.

- **El uso correcto de la raya (—).** En lengua española, el signo adecuado para introducir las intervenciones de los personajes es la raya (—), no el guion corto (-).

Normas clave:

- La raya se escribe pegada a la primera palabra del diálogo, sin espacio.
- El texto del narrador que acompaña al diálogo, es decir, la acotación, va entre rayas, sin comillas.
- Si el personaje sigue hablando después del inciso del narrador, el diálogo continúa tras una segunda raya.

Ejemplo 1 (frase simple con acotación):

—Hola —dijo Ana.

Ejemplo 2 (frase más extensa con acción intercalada):

—Te estuve esperando —murmuró Marcos mientras revisaba su reloj—, pero al final decidí irme.

- **El diálogo entre varios personajes.** Cuando intervienen varios personajes: cada intervención comienza en un nuevo párrafo, introducida por una raya. No es necesario repetir el nombre del personaje si el intercambio es ágil y claro, pero sí conviene hacerlo periódicamente si hay riesgo de confusión.

Ejemplo:

—¿Vendrás mañana? —preguntó Laura.

—No lo sé aún —respondió Martín—. Depende de cómo me sienta.

—Me encantaría que vinieras.

Evita usar una raya independiente para cada frase del mismo personaje, ya que eso confunde al lector. Todas sus frases deben agruparse en el mismo bloque, con una sola introducción de raya.

- **Incisos del narrador.** Una pausa en la voz. Cuando el narrador interrumpe el diálogo para describir una acción o cómo se dice algo:

Si el inciso no empieza con verbo de habla -decir y todos sus sinónimos-, comienza en mayúscula y lleva punto antes:

—Esto no tiene sentido. —Carlos se cruzó de brazos.

Si el inciso sí incluye un verbo de habla, va con minúscula y sin punto:

—Esto no tiene sentido —dijo Carlos—. Deberíamos hablar con alguien.

Otros detalles:

Si hay signos de exclamación, interrogación o puntos suspensivos, estos van antes de la primera raya del

inciso y la puntuación general continúa tras el inciso.
Ejemplo:

—¡Estás loca! —exclamó Pedro—. No pienso permitirlo.

- **Comillas**

Existen tres tipos de comillas

- Latinas o españolas (“ ”). Pese a no ser las más accesibles en los actuales teclados y dispositivos, son las que las academias de la lengua recomiendan en textos impresos.
- Las comillas inglesas (« »). Lo adecuado es emplearlas en segunda instancia, es decir, cuando se desea entrecomillar un texto o una palabra enmarcados dentro de un texto ya entrecomillado con las angulares.
- Las comillas simples (‘ ’). No suelen utilizarse.

En otros idiomas como el inglés, se usan las comillas para escribir diálogos. En castellano las comillas se usan cuando un personaje piensa pero no habla. Se debe separar con una coma el pensamiento encerrado entre comillas del verbo que le sigue.

También se utilizan cuando el diálogo de un mismo personaje es muy extenso. A partir del segundo párrafo del parlamento del mismo, se emplearían las comillas de cierre para hacer referencia a la continuidad del propio diálogo o monólogo.

—Verás. Cuando yo era pequeña solíamos hacer muchas actividades en familia. En casa de mi madre eran muchos hermanos, y todos habían tenido muchos hijos. Así que yo tenía muchos primos con los que me pasaba domingos enteros jugando.

»Recuerdo que una vez fuimos al bosque. Mamá había preparado una ensalada y una tarta de manzana. Mis tíos iban a llevar los refrescos y la carne para hacer a la barbacoa.

»Salimos temprano. Pipo quiso venirse. Aunque había estado enfermo y todavía no estaba completamente recuperado, mama accedió a que viniera, así que le puse su correa y recibí en mi mejilla sus lametazos de agradecimiento.

- **Verbos que acompañan al diálogo**

Decir es el verbo más utilizado, y es invisible para el ojo que lee. Pasa desapercibido. Es mejor repetir dijo que usar sinónimos sonoros.

Mejor así:

—No me interesa —dijo, girándose hacia la ventana.

Que así (menos natural):

—No me interesa —replicó despectivamente, escupiendo las palabras con rencor desde lo más profundo de su amarga alma.

<u>Ejercicio</u>

- Escribe un diálogo entre el protagonista y el secundario donde el secreto esté presente pero nunca se mencione explícitamente.

- Trabaja para que lo que no se dice sea tan importante como lo que se dice.

4. LA TRAMA

Muchas veces hemos afirmado que la literatura imita la vida. Pero no es lo mismo. La vida no tiene coherencia ni ritmo, no sigue reglas claras, ni responde a ninguna pregunta. Nacemos, crecemos, amamos, trabajamos, envejecemos, morimos. Y nadie nos pregunta: «¿De qué va tu vida?». En cambio, sí nos preguntarán: «¿De qué va tu novela?». Y debemos estar preparados para responder con claridad.

Porque en una novela no importa todo lo que sucede, solo lo que decidimos contar. Y lo debemos contar bien. Nuestra trama no es la acumulación de sucesos; es una secuencia con propósito, progresiva, coherente, emocionante. Es ese hilo conductor que arrastra al lector y le impide soltar el libro hasta que diga: «La he devorado».

La trama y la vida: el arte de contar lo que importa

La vida no tiene una estructura. La vida, esa corriente caótica y abierta, transcurre sin necesidad de lógica interna, sin buscar sentido ni ofrecer una dirección clara. En la vida simplemente suceden cosas. Nos despertamos, desayunamos, perdemos un tren, ganamos un amigo, rompemos una promesa, envejecemos. Y, al final, morimos. Sin aviso, sin clímax, sin propósito narrativo y, por desgracia, en muchos casos, sin que los protagonistas hayan aprendido nada.

Nadie se detiene a preguntarte cuál es la «trama» de tu existencia. Pero cuando escribes una novela, cuando creas una ficción, la pregunta inevitable llegará: «*¿De qué va tu historia?*». Y ahí, querido escritor o escritora, debes estar preparado. Porque la vida no tiene que explicarse. Pero una novela sí.

¿Por qué necesitamos una trama?

En la ficción, todo lo que narramos debe tener un propósito. No basta con acumular acontecimientos, aunque sean muchos y variados. En una novela importa solo una cosa: la historia que decidimos contar. La trama es el esqueleto sobre el que se sostiene ese relato, la lógica interna que le da forma, ritmo y sentido.

Una buena trama debe cumplir varias funciones clave:

- Debe atrapar.
- Debe emocionar.
- Debe crecer.

Y debe mantenerse coherente, desde el principio hasta el final.

El lector ideal no debería ser capaz de cerrar el libro voluntariamente. Si lo hace, que sea por fuerza mayor —trabajo, sueño, hambre—, pero no por aburrimiento ni desconcierto. Queremos que diga: «*He devorado tu novela»*. Esa frase es música para los oídos de cualquier narrador. Es señal de que su estructura ha funcionado, que ha sido capaz de arrastrar al lector hacia su mundo narrativo sin soltarlo.

Tema, argumento y trama: los ladrillos del relato

Antes de entrar en estructuras más complejas, necesitamos sentar las bases. Una historia bien construida se apoya en tres pilares fundamentales: el tema, el argumento y la trama. Cada uno cumple una función específica y no deben confundirse.

- **El tema: la raíz emocional.** El tema es el alma de la novela. Es la idea, la emoción, la inquietud que empuja a que la historia exista. Puede ser abstracto o concreto, pero siempre es universal. Ejemplos clásicos de temas son el amor (y su ausencia), la traición, la búsqueda de identidad, el paso del tiempo, la ambición, la venganza....

Es importante entender que el tema debe poder resumirse en una palabra o en una breve frase. No necesita explicaciones, solo debe ser claro y resonante.

Tema de *Orgullo y prejucio*: el amor frente a los prejucios sociales.

Tema de *Crónica de una muerte anunciada*: el destino inevitable.

- **El argumento: el resumen estructurado.** El argumento es la síntesis lógica de lo que ocurre en tu novela. Aquí ya entramos en el terreno de los hechos.

¿Quién hace qué? ¿Dónde y por qué?

No debe ser extenso, pero sí debe mostrar claramente:

- Quién es el protagonista.
- Qué desea.
- Qué conflicto lo impulsa o lo frena.

Ejemplo: «Un joven abogado, atrapado entre la ética y la ambición, descubre una red de corrupción que puede costarle todo».

- **La trama: la arquitectura completa.** La trama es el desarrollo total de la historia. Aquí ya hablamos de todo el sistema narrativo: personajes, conflictos, giros, escenas, narrador, ambientación. Es el edificio entero que surge a partir del argumento y se cimenta sobre el tema.

La trama da coherencia a la historia, une sus partes y da sentido a cada decisión narrativa. Por eso, planificarla bien es tan importante como escribirla con inspiración.

La pregunta dramática: el corazón de tu novela

Tu protagonista ha visto sacudida su vida por un conflicto, por un deseo, por una motivación que lo va a tener en movimiento durante toda la novela. A lo largo de las páginas, va a intentar conseguir su objetivo y se va a enfrentar a problemas, obstáculos y algún momento de felicidad. Y durante toda la aventura subyace una pregunta: ¿lo conseguirá? ¿resolverá el misterio? ¿se reencontrará con el amor de su vida, escapara de su destino, descubrirá quién es realmente? Eso es la pregunta gramática y todo lo que construyas —personajes, escenas, conflictos, subtramas— deberá girar en torno a ella.

Hay tres elementos esenciales que acompañan a esta pregunta:

- **El protagonista.** Debe ser alguien que no solo actúe, sino que evolucione. Su transformación es, muchas veces, lo que marca la verdadera historia, más allá de los acontecimientos externos.
- **El objetivo.** Todo personaje necesita algo: amor, redención, reconocimiento, justicia, libertad... El deseo impulsa la acción. Una novela sin deseo es como un cuerpo sin pulso.
- **El conflicto.** Aquí entra la tensión. ¿Qué le impide conseguir su objetivo? Los obstáculos deben ser reales, crecientes y complejos. Si le resulta todo fácil, no hay historia. Si se rinde a la primera, tampoco.

Cómo construir una trama potente

La trama es la coreografía del conflicto. Para que funcione, hay que cuidar cuatro pilares básicos:

- Los personajes, que deseen y luchen.
- El espacio, que influya en lo que ocurre.
- El tiempo, que imponga límites y urgencias.
- El narrador, que sepa dosificar lo que revela y cómo.

Una trama no se improvisa: se siembra. Y para eso, nada mejor que un buen mapa estructural.

Escenas, resúmenes y capítulos: la arquitectura del texto

Las escenas. Son bloques fundamentales. Cada escena debe cumplir tres requisitos:

- Sucede en un espacio-tiempo determinado.
- Muestra acción o decisión.
- Hace avanzar la historia o revela el personaje.

¿Una escena no cumple estas funciones? Elimínala. Cada página debe ganarse su lugar.

Capítulos y puntos de inflexión: cómo sostener una novela ladrillo a ladrillo

Los capítulos son mucho más que simples interrupciones en el flujo de lectura. Son, como decía Jane Austen, los ladrillos que construyen una novela. Margaret Atwood los llama piedras angulares, Hemingway los veía como píldoras concentradas de emoción, Poe como estaciones de un viaje, y Murakami, como pequeños comienzos dentro del gran trayecto. Cada uno, con su imagen, alude a una verdad fundamental: cada capítulo es una unidad con sentido, una escena significativa que impulsa el avance narrativo.

Un capítulo es, en esencia, una porción del relato donde algo debe suceder. Si no avanza la acción, debe al menos profundizarse la comprensión de los personajes o el mundo que habitan. No se trata solo de seguir contando cosas, sino de hacer que todo lo que se cuente tenga una función narrativa.

¿Para qué sirven los capítulos?

- **Organización narrativa.** Dividen el texto en partes manejables, facilitando tanto la lectura como la escritura.
- **Ritmo y pausa.**Permiten respirar, generar suspense o cerrar ciclos temporales.
- **Cambio de foco.** Cada capítulo puede permitir cambios de personaje, escenario, tiempo o incluso línea argumental.
- **Estructura dramática.**Pueden articularse en torno al planteamiento, el nudo y el desenlace, sin rigideces, pero con un orden interno que da cohesión a la historia.

Para que los capítulos funcionen, es bueno que pensemos en lo que va a ocurrir en ellos, que le demos una estructura que incluya un inicio potente que capte la atención antes de que los acontecimientos se desarrollen y que terminen en alto. Es el famoso *cliffhanger*, ese es un recurso interrumpe la narración en un momento de máxima tensión o incertidumbre, dejando al lector o espectador con ganas de saber qué pasará a continuación. Ejemplo típico: un personaje abre una puerta y… *fin del capítulo.*

La recomendación general de este manual es planificar todo lo que sea posible el proceso de escritura, y eso incluye también los capítulos. Pensar antes de escribir lo que va a ocurrir en los capítulos puede evitar bloqueos y asegurar la coherencia general, y –recuerda– esta planificación nunca te va a impedir improvisar mientras escribes, pero –eso sí– va a hacer que te des cuenta de que la trama fluye y la narración funciona.

Los puntos de inflexión: el corazón del cambio

En toda novela hay momentos que lo cambian todo. A eso se les llama puntos de inflexión. Son giros o decisiones que alteran la dirección del relato y la evolución del personaje.

¿Qué es un punto de inflexión? En la vida, un punto de inflexión puede ser un cambio de trabajo, una enfermedad, una llamada inesperada. En una novela, es un suceso (externo o interno) que obliga al personaje a actuar, a cambiar, a moverse. Lo redefine. El conflicto es lo que genera la tensión. El punto de inflexión es cuando el personaje responde.

Los puntos de giro son cambios menores, que por lo general, responden a una situación externa. El punto de inflexión es una decisión del personaje en respuesta a esa situación.

Tipos de puntos de inflexión

▪**Desencadenante.** Es el primer movimiento, el que inicia la historia. Puede parecer pequeño, pero activa el conflicto.

▪ **Conflicto mayor.** El evento que da sentido al relato. Hace que el personaje quiera o necesite algo.

▪**Midpoint** (punto medio). Marca un antes y un después. El personaje ya no puede retroceder.

- **Revés.** Un «parecía que sí, pero no». Una falsa salida.
- **Clímax.** El momento culminante. El personaje toma su decisión definitiva.

Ejercicio

- Piensa en un evento detonante que ponga en riesgo el objetivo del protagonista.
- Diseña tres escenas clave que muestren cómo cambia su situación tras ese evento.

5- ESTRUCTURAS LITERARIAS

La trama, ya lo hemos visto, es lo que ocurre en la novela. Una mujer se queda sola y reconstruye su vida es una trama. Una estructura es cómo decides contar esta historia. ¿Empiezas por la soledad o por el pasado feliz? ¿Narras en orden cronológico o saltas en el tiempo? ¿Una sola voz o varias?

La estructura es el instrumento de control que tienes como narrador. Es donde decides el efecto emocional que quieres producir en el lector.

Tipos de estructuras narrativas

Aquí nos detenemos con más profundidad. Esta es la parte más estratégica del manual.

- **Estructura clásica (lineal, o aristotélica)**
  - Planteamiento: introducción del conflicto.
  - Nudo: desarrollo con obstáculos crecientes.

• Desenlace: clímax y resolución.

Es la forma más intuitiva, perfecta para novelas de aprendizaje, aventuras o dramas familiares.

▪ **In media res.** Comienza cuando todo ya ha estallado. Luego se va revelando el pasado que llevó hasta ese punto.

Ejemplo: *Cien años de soledad* abre con la frase: «Muchos años después, frente al pelotón de fusilamiento...»

▪ **Narración inversa.** Empezamos por el final y retrocedemos para entenderlo. Ideal para novelas de misterio, thriller o drama psicológico.

▪ **Circular.** La historia empieza y termina en el mismo lugar o con la misma imagen. El viaje ha transformado al personaje, aunque el escenario sea idéntico.

Ejemplo: *La historia interminable.*

▪ **Cajas chinas.** Una historia dentro de otra. Como muñecas rusas. Muy útil para presentar múltiples puntos de vista.

Ejemplo: *Frankenstein*, *Las mil y una noches.*

▪ **Vasos comunicantes.** Dos tramas paralelas aparentemente separadas que se unen más adelante.

Ejemplo: *Madame Bovary*, donde la historia de Emma y la del narrador se entrelazan.

▪ **Antiestructura.** Sin un orden aparente. Fragmentaria. Caótica. El lector arma el puzzle.

Ejemplo: *Rayuela*, de Cortázar.

- **Doble clímax.** Típico en historias de acción o sagas. Cuando crees que el conflicto ha terminado, surge uno aún mayor.

Ejemplo: cualquier entrega de superhéroes.

- **Sin final (abierto).** Se cierra una parte del conflicto, pero no se resuelve del todo. Invita a la reflexión o a una posible continuación. Hay que dejar las suficientes pistas para que los lectores puedan cerrar el final.

Planificar una trama: brújula, mapa o ambas. Escribir antes de escribir

Cuando empezamos a escribir, nos enfrentamos a un territorio desconocido. Hay quien prefiere avanzar sin más, dejándose llevar por la intuición —como un viajero que confía en su brújula interna—, y quien necesita trazar un mapa detallado antes de dar el primer paso.

George R.R. Martin lo expresó con otra metáfora: hay escritores arquitectos y escritores jardineros. Los primeros planifican, diseñan, construyen sobre planos. Cada escena está prevista y cada giro, calculado. Los jardineros plantan una idea y la dejan crecer. Riegan la historia día a día y descubren con sorpresa qué flores da.

Escribir no empieza con la primera frase: comienza mucho antes. En las imágenes que nos asaltan en el metro. En las conversaciones que observamos de reojo. En esa intuición que nos susurra que *ahí hay algo*. Lo que llamamos planificación no es otra cosa que darle forma a esa intuición. Preparar el terreno para que la escritura florezca con más verdad, más coherencia y menos abandono a medio camino.

Una novela no nace solo del deseo de contar algo. Nace también de la voluntad de sostener una estructura, de acompañar a un personaje, de explorar una tensión, de llevar al lector a una experiencia emocional compleja. Y para eso, hay que prepararse.

Hay quien cree que planificar es lo opuesto a crear. Como si lo intuitivo, lo vivo, lo genuino, sólo pudiera brotar del caos. Pero incluso lo intuitivo tiene un fondo invisible de orden. Una lógica interna. El jazz improvisa, pero dentro de una estructura. La arquitectura del relato no está reñida con la emoción: la sostiene.

Por eso, antes de empezar a escribir, conviene preguntarse:

¿Qué quiero contar realmente? ¿Qué tipo de historia quiero construir? ¿Qué experiencia quiero provocar en quien lea? ¿Qué imagen o sensación es el corazón invisible de mi novela?

Estas preguntas no se responden con fórmulas. Se responden con intuiciones que se afinan con el tiempo. Pero cuanto antes empecemos a enunciar esas intuiciones, más herramientas tendremos cuando llegue el momento de sentarnos a escribir.

La mayoría somos un híbrido. Ni todo plano, ni todo improvisación. Lo importante es encontrar un sistema que te permita escribir sin bloquearte. Y eso, muchas veces, empieza con una escaleta.

La planificación es una forma de libertad. La escritura es un viaje largo. Y como en todo viaje, podemos permitirnos desviarnos… siempre y cuando sepamos de dónde partimos. Lo que llamamos mapa narrativo es ese punto de partida. Es la certeza inicial que nos permite perdernos sin miedo.

No se trata de escribir un guion cerrado, sino de trazar líneas de fuerza. Detectar los puntos de inflexión, prever los nudos emocionales, imaginar los ritmos y los contrastes. No estamos encerrando la historia: estamos construyendo el suelo sobre el que va a caminar.

El dramaturgo Jules Renard decía que escribir es una manera de hablar sin ser interrumpido, y siguiendo su argumento, planificar es una manera de no olvidarse de lo que uno quería decir.

Los diez elementos clave en la planificación narrativa

▪ **El núcleo: ¿qué quiero contar de verdad?** Toda novela tiene una superficie –lo que ocurre– y un subsuelo –lo que está en juego. El núcleo narrativo no siempre es un tema en sentido tradicional. Puede ser:

- Una tensión emocional: la culpa, el abandono, la espera.

- Una pregunta sin respuesta: ¿puede el amor sobrevivir al tiempo?
- Una imagen detonante: una mujer que llora en un supermercado.
- Un universo que te obsesiona: la vida rural en los años 50, el mundo de los taxistas nocturnos.

Identificar ese núcleo es como descubrir la semilla. Todo lo demás –estructura, personajes, tono, ritmo– crecerá desde ahí.

▪ **La premisa y el detonante.** Una buena historia nace de una tensión: alguien quiere algo y no puede conseguirlo. La premisa es esa situación inicial cargada de posibilidad narrativa. El detonante es el momento en que la normalidad se rompe.

Ejemplo:

- Premisa: *Una mujer perfeccionista prepara su boda mientras sospecha que su madre ha desaparecido.*
- Detonante: *Recibe un paquete con una fotografía de su madre en otro país.*

Desde ese momento, la historia ya no puede retroceder. Está en marcha.

▪ **Los personajes: deseo, carencia, contradicción.** No basta con que el personaje tenga un nombre y una edad. Tiene que querer algo, temer algo, ocultar algo. Lo que hace avanzar la historia no es la acción externa, sino el movimiento interno del personaje: sus decisiones, sus dilemas, sus resistencias.

Pregúntate: ¿Qué desea profundamente? ¿Qué lo bloquea? ¿Qué mentira se cuenta? ¿Qué cambiará en él o ella al final de la novela?

Los personajes secundarios no son decorado. Representan fuerzas, temores, espejos, posibilidades. Tienen que estar al servicio del conflicto.

- **El conflicto: eso que hace avanzar la historia.** Sin conflicto, no hay historia. Hay anécdotas, escenas bonitas, pero no una narrativa con tensión. El conflicto puede ser externo (una persecución, una guerra, una búsqueda) o interno (culpa, deseo, miedo). Pero debe ser legible, creciente y urgente.

Las preguntas clave son varias. A modo de ejemplo: ¿Qué está en juego?¿Qué podría perder el personaje? ¿Cuáles son los obstáculos reales y emocionales? ¿Cómo se intensifica a medida que avanza?

- **El arco de transformación.** Toda novela propone un cambio. No solo en el personaje, también en la percepción del lector. El arco narrativo es ese recorrido. Puede ser de redención, de caída, de maduración, de aceptación... pero siempre hay un antes y un después.

Piensa: ¿Dónde empieza emocionalmente tu personaje? ¿Dónde termina? ¿Qué experiencias lo transforman? ¿Qué aprende, qué pierde, qué descubre?

Este arco debe ser coherente, no obvio. Sutil, pero nítido.

▪ **La estructura: el esqueleto invisible.** Aquí es donde la escaleta entra en juego. Una buena escaleta no mata la historia: la sostiene. Escoge la estructura que mejor le va a la historia que quieres contar, que más la enriquece. Lo importante es **ver** desde fuera: cuántos capítulos, cómo se organiza el tiempo, dónde está el clímax, qué ritmo tiene. Una escaleta te ayuda a dosificar la tensión, equilibrar las tramas, ver si hay desequilibrios.

▪ **El tiempo y el ritmo: el compás narrativo.** Toda novela tiene un ritmo interno. A veces avanza como un río calmo; otras, como una tormenta súbita. El ritmo no es solo cuánto se cuenta, sino *cómo* y *cuándo* se cuenta. ¿Dónde aceleras? ¿Dónde te detienes? ¿Qué eliges mostrar? ¿Qué decides silenciar?

El tiempo, por su parte, puede jugar a favor de la historia si lo planificas desde el inicio. ¿La novela sigue un orden cronológico o fragmentado? ¿Hay saltos temporales? ¿Flashbacks? ¿Escenas espejo? ¿Transcurre en días, años, generaciones?

Ejemplo: Una novela donde el tiempo narrativo abarca tres días… pero los recuerdos del protagonista nos llevan a veinte años atrás. En ese caso, necesitarás prever el modo de articular ese vaivén para que no desoriente.

▪ **El espacio: mucho más que un decorado.** Los espacios no son neutros. Una estación de tren vacía. Una cocina a las tres de la mañana. Un coche bajo la lluvia. El espacio también narra. Dice algo del estado emocional de tus personajes, de la atmósfera de tu novela, del tipo de conflicto.

Cuando planifiques, no pienses sólo en escenarios físicos: piensa en cómo el espacio se convierte en experiencia. Qué huele, qué se oye, qué se siente.

Pregúntate por ejemplo por los espacios y por las emociones. ¿Qué espacios serán recurrentes? ¿Qué emoción va a transmitir cada lugar? Cómo cambia un espacio a medida que la historia avanza?

Ejemplo: Una novela ambientada en un invernadero. Al principio es un lugar de refugio para la protagonista. Al final, ese mismo espacio es opresivo, sofocante. No ha cambiado el lugar: ha cambiado ella.

- **El tono y la voz: la música del texto.** ¿Es una narración lírica o seca? ¿Irónica o tierna? ¿Introspectiva o directa? El tono es como el color de la luz: afecta todo lo que se cuenta. La voz narrativa tiene que tener una coherencia interna. Incluso si hay varios narradores, cada uno debe tener un estilo propio, un modo de mirar el mundo.

Antes de empezar, intenta escribir un fragmento de prueba. No de la historia entera, sino del tono. ¿Cómo suena tu narrador? ¿Cómo mira el mundo?

Prueba tres versiones de la misma escena. Por ejemplo, una sobria, otra poética y una última con algo de ironía y sentido del humor. Y luego decide cuál conecta más con lo que quieres contar.

- **El lector.** No escribimos en el vacío. Aunque nunca sepamos quién nos leerá, siempre escribimos para alguien. La planificación también implica imaginar a ese lector: ¿qué sabe? ¿qué necesita saber? ¿qué emociones quiero que experimente? No se trata de complacer. Se trata de construir un pacto narrativo: tú le das una historia; él o ella te da su atención, su tiempo, su emoción. Merece que esa historia esté pensada, cuidada, construida con conciencia.

¿Y si no planifico nada?

Nadie dice que planificar sea obligatorio. Pero incluso quienes no lo hacen de forma sistemática suelen tener en mente una estructura básica. Lo importante no es si haces escaleta o no, sino si tienes claridad.

Dicho esto, improvisar puede tener consecuencias. Te puedes quedar atascado a mitad de camino, o puedes olvidar subtramas que empezaste y nunca cerraste. Puedes perder el foco del conflicto principal o acabar con una historia dispersa y poco orgánica.

¿Significa eso que escribir sin mapa es imposible? No. Hay autores que lo hacen, y lo hacen maravillosamente. Pero suelen tener ya mucha experiencia o una intuición narrativa muy trabajada.

La planificación es un pacto contigo mismo. No estás atado a lo que planifiques. Puedes cambiar de rumbo, derribar puentes, rehacer personajes. Pero tener un plan inicial te permite sostenerte en los momentos de duda, en los días en que no fluye, en los tramos donde parece que la novela no tiene sentido.

Planificar es una forma de decirte a ti mismo: *esto merece ser contado, y yo voy a acompañarlo hasta el final.*

Escribir antes de escribir no es una técnica. Es una actitud. Una forma de escuchar la historia antes de imponerle un tono. Una manera de dejar que la novela madure en tu interior como una fruta lenta. Porque a veces, lo más importante de una historia no es cómo empieza. Sino cómo te preparas para empezarla.

Escaleta, tramas y capítulos: el esqueleto antes de la carne

¿Qué es una escaleta? Es un esquema narrativo que enumera las escenas o los capítulos clave de tu novela. Sirve para visualizar el recorrido de la trama, prever baches, probar estructuras, añadir ritmo.

Ejemplo simple de escaleta para una novela de transformación (pág. 67). Puedes construir esta escaleta en una libreta, una hoja de Excel, tarjetas de colores, una pizarra o herramientas digitales como Scrivener o Notion. Lo esencial es que te oriente.

Fases estructurales: Planteamiento, nudo y desenlace

▪**Planteamiento (10% de la novela).** Es la puerta de entrada al mundo que creas. Aquí el lector descubre:

Escaleta para una novela de transformación

Capítulo	Acción principal	Punto narrativo clave
1	Presentación del protagonista	Introducción del deseo
2	Incidente detonador	Surge el conflicto
3	Primer obstáculo	Tensión inicial
4	Duda interna	Desarrollo del conflicto
5	Punto de giro	Crisis personal
6	Clímax	Decisión o revelación
7	Desenlace	Resolución

- Quién es el protagonista.
- Dónde se encuentra (espacio físico y emocional).
- Qué lo mueve: ¿qué desea? ¿qué le falta?
- Qué lo perturba: el incidente detonador, ese hecho que altera la normalidad y echa a andar la trama.

El planteamiento no debe ser solo presentación: debe tener gancho narrativo. El lector debe querer seguir leyendo.

Piensa en la mejor forma de presentar a tu personaje. ¿Lo muestras actuando? ¿En medio de un conflicto? ¿Con una frase potente?

Evita saturar con información. No cuentes todo el pasado. Deja espacio para la curiosidad. El lector necesita datos, sí, pero también preguntas.

▪**Nudo (80% de la novela).** Aquí se desarrolla la historia en toda su riqueza. El protagonista enfrenta una sucesión de obstáculos y decisiones que van intensificando el conflicto.

¿Qué debe contener el nudo?

- Evolución del protagonista: sus acciones y decisiones deben ir transformándolo.
- Profundización del conflicto: lo que antes parecía un problema externo se convierte en un desafío interno.
- Aparición de subtramas y personajes secundarios: ellos enriquecen, pero deben estar al servicio de la historia principal.
- Revelaciones: dosificar la información para mantener la intriga.
- Un punto de giro importante hacia el final: un giro narrativo que desestabiliza todo lo anterior y prepara el clímax.

▪**Desenlace (10% de la novela).** Todo lo que has sembrado debe florecer aquí. Y debe cumplir la llamada regla de las tres ces:

- Crisis: el conflicto llega a su punto más intenso.
- Clímax: el protagonista toma una decisión, se produce una revelación o un enfrentamiento final.

- Consecuencias: el mundo se reordena. El protagonista ha cambiado.

Evita los *deus ex machina* –repentinos y casi inexplicables–. No soluciones el conflicto con suerte, accidentes o personajes que aparecen de la nada. El final debe ser lógico, inevitable y sorprendente a la vez.

«Sorprendente pero inevitable»: eso es lo que queremos oír del lector al cerrar tu libro.

Desarrollo del conflicto: sostener la tensión

Una novela no avanza si el conflicto no evoluciona. El conflicto debe hacerse más complejo con cada capítulo. ¿Cómo?

Técnicas para intensificar el conflicto:

- Añadir nuevos obstáculos (externos, internos, emocionales).
- Cambiar las reglas del juego.
- Hacer que el personaje tome malas decisiones.
- Introducir un antagonista más fuerte o ambiguo.
- Forzar al protagonista a cuestionarse a sí mismo.
- En el conflicto está la carne del drama. Todo lo demás —el estilo, los diálogos, el entorno— es el aderezo.

Complicaciones, sorpresas y giros

Una buena historia no es lineal. Los giros y las complicaciones mantienen al lector alerta.

- Tipos de complicaciones:
- Malentendidos entre personajes.
- Pérdidas inesperadas o traiciones.
- Revelaciones que reescriben el pasado.
- Obstáculos éticos o morales.
- Cambios de entorno que desestabilizan.

Los giros deben tener sentido emocional y estar bien preparados. Si un giro sorprende, debe también encajar con lo anterior.

Tramas secundarias y personajes de apoyo

- **Subtramas**

Aportan profundidad y respiro. Sirven para iluminar aspectos ocultos del protagonista y deben reflejar o contradecir la trama principal.

En *Cien años de soledad*, cada generación es una subtrama que reinterpreta la historia central de los Buendía.

- **Personajes secundarios**

Deben tener voz propia y objetivos personales, no ser solo herramientas del protagonista. Pueden funcionar como espejo, antagonista secundario o confidente.

El clímax: el momento de la verdad

El clímax es el momento en el que el protagonista enfrenta su mayor desafío. Ya no puede huir. Tiene que decidir.

Todo lo que ha vivido lo ha llevado hasta aquí. Este es el punto de no retorno. Después del clímax, nada puede seguir igual.

Debe ser una escena emocionalmente poderosa, con ritmo acelerado y alto voltaje. Aquí se condensa la tesis emocional de la historia: lo que querías decir, sin decirlo.

El final: cierre emocional, no solo narrativo

El lector tiene que creerse el final. No basta con cerrar la trama; hay que cerrar el *viaje emocional.*

Pregúntate: ¿Ha cambiado el personaje? ¿Ha respondido la historia a su pregunta? ¿Queda alguna imagen, una frase, una emoción que persiste?

Un buen final no es siempre feliz, pero sí honesto.

Errores frecuentes en la construcción de la trama

- Introducir escenas irrelevantes que no aportan conflicto ni desarrollo.
- No tener presente el final, resultando en tramas débiles.
- Saltos temporales confusos sin justificación.
- Resoluciones por casualidad, sin causa dramática real.

El viaje del héroe

Terminaremos este capítulo con algo que no es una estructura sino un modelo narrativo: el viaje del héroe. Tiene que ver con la evolución del personaje de una narración, el héroe, y que nos sirve para controlar cómo progresa la historia que estamos contando: «El viaje del héroe».

Este modelo, sistematizado por Joseph Campbell, describe un patrón común en relatos de todas las culturas: alguien —el héroe— inicia un viaje motivado por un conflicto, se enfrenta a pruebas, recibe ayudas, y regresa cambiado para siempre.

Aunque parte de lo mítico y lo fantástico, puede aplicarse a cualquier género, incluyendo relatos íntimos o psicológicos. Su importancia radica en que estructura el arco de transformación del personaje principal, haciendo que el lector se identifique con sus desafíos, decisiones y aprendizajes.

Estructura general

- **Partida o separación:** presentación del mundo ordinario y llamada a la aventura. Algo altera la rutina del héroe y lo empuja fuera de su zona de confort.
- **Iniciación:** el héroe entra en un mundo nuevo (real o simbólico), enfrenta pruebas, recibe ayuda y crece interiormente.
- **Retorno:** el héroe regresa cambiado al mundo ordinario, con una recompensa o sabiduría transformadora.

Personajes arquetípicos en el viaje

- El héroe: protagonista en proceso de transformación.
- El mentor: guía o figura que lo prepara para el camino.
- El ayudante: compañero clave, alter ego o sostén emocional.
- El enemigo: obstáculo externo e interno. Puede encarnar miedos o valores opuestos.
- El guardián del umbral: figura o evento que representa la primera gran barrera.

Las doce etapas del viaje del héroe

▪ **Mundo ordinario.** El estado inicial del protagonista. Vida cotidiana antes del conflicto.

▪ **Llamada a la aventura.** Un evento irrumpe y plantea un desafío. Se altera el equilibrio.

▪ **Rechazo a la llamada.** El héroe duda, tiene miedo o se resiste a abandonar su mundo conocido.

▪ **Encuentro con el maestro.** Aparece un mentor que lo guía, aconseja o entrena. Puede ser una figura mágica, sabia o simplemente inspiradora.

▪ **Cruce del primer umbral.** El héroe enfrenta un primer obstáculo significativo. Es el punto sin retorno.

▪ **Pruebas, aliados y enemigos.** Enfrenta retos, gana amigos y descubre adversarios. Falla y aprende. Se forja el carácter.

- **Acercamiento a la caverna más profunda.** Se prepara para un enfrentamiento crucial. Aparece el mayor temor o conflicto.
- **Prueba suprema.** Clímax. El héroe arriesga todo, enfrenta su gran desafío. Suele parecer que va a fracasar.
- **Recompensa.** Logra una victoria o una transformación interior. Puede ser concreta o simbólica.
- **El camino de vuelta.** Comienza el regreso, pero con la amenaza de perder lo ganado. Aún hay una última prueba.
- **Resurrección.** El héroe "muere y renace": deja atrás lo que era. Su evolución es plena.
- **Regreso con el elixir.** Regresa al mundo ordinario con algo valioso. El héroe está cambiado, pero también transforma su entorno.

Claves prácticas para el uso narrativo

Aunque parezca una estructura épica o fantástica, funciona muy bien en cualquier tipo de novela, en cualquier género. Eso sí, ha de cumplir todas las etapas y contar con todos los elementos.

- El viaje puede ser interno (emocional, espiritual) o externo (físico, literal).
- El héroe no siempre «vence», pero siempre cambia.
- Es una forma poderosa de planificar el arco dramático del personaje y conectar emocionalmente con el lector.

Para evitar caer en el cliché, es clave ser original en los personajes, conflictos y pruebas.

Ejercicio

- Coloca esas tres escenas dentro de un esquema narrativo. Valora de qué manera mejora tu novela utilizar uno u otro.
- Si te apetece, avanza en la escritura.

6. NARRADOR Y PUNTO DE VISTA

Cuando hablamos de narrar una historia, entramos en el terreno más sensible y esencial del oficio narrativo: *quién cuenta los hechos* y *desde dónde los cuenta.* El narrador y el punto de vista son, en realidad, los dos hilos con los que tejemos el tapiz narrativo. Escoger uno u otro no es un simple detalle técnico, es decidir el alma de la historia.

El narrador es quien cuenta. El punto de vista es desde dónde se ve.

Puede parecer una diferencia sutil. Pero no lo es. Es fundamental. Vamos a desgranar por completo ambos conceptos, con sus múltiples posibilidades y efectos.

Narrador: la voz que narra

El narrador no es el autor, aunque a veces se le confunda. Es una voz creada, un ente con su propia personalidad, grado de conocimiento, presencia y límites. Según cómo lo configures, tu narrador podrá acercarse más o menos al lector, conocer más o menos sobre los personajes y permitirte jugar con el ritmo, la tensión o la intimidad.

Tipos de narrador

▪**Narrador en primera persona («yo»).** Habla como personaje dentro de la historia. Puede ser:

- Protagonista: cuenta su propia historia.
- Testigo: narra lo que ha visto, vivido o escuchado. A veces desde la periferia del conflicto principal.
- Ventajas: Crea cercanía, conexión emocional.
- Genera autenticidad, subjetividad y una voz reconocible.
- Desventajas: Solo se accede a su mirada. Todo lo demás queda limitado.
- Puede resultar poco fiable (lo cual también puede ser interesante).

Ejemplo: «Siempre odié los días nublados. Ese lunes lo entendí más que nunca. Lo vi venir desde lejos, con su paraguas ridículo y su olor a despedida.»

▪ **Narrador en segunda persona («tú»).** Poco común, pero potente. Puede crear una atmósfera introspectiva, desafiante o íntima. Se usa para hablarle a uno mismo, a un interlocutor real o imaginario. Se usa en narraciones experimentales, novelas epistolares o confesionales y relatos breves.

Ejemplo: «Tú entras en la casa como si no supieras. Pero sabes. Siempre lo supiste. Cada paso sobre la madera te acerca a lo inevitable.»

▪**Narrador en tercera persona («él / ella»).** Es el más versátil y flexible. Puede adoptar múltiples grados de conocimiento.

- Objetivo: como una cámara, solo describe lo que se ve y oye.
- Limitado o equisciente: se centra en un solo personaje, pero desde fuera.
- Omnisciente: lo sabe todo sobre todos.

Ejemplo objetivo: «Laura abrió la puerta, miró alrededor y suspiró. Después, cerró con llave.»

Ejemplo limitado: «Laura abrió la puerta. Sabía que no debía estar allí, pero el impulso era más fuerte que su miedo.»

Ejemplo omnisciente: «Laura abrió la puerta sin saber que, detrás de ella, todo cambiaría. Mientras tanto, su madre en otro país soñaba con esa misma llave.»

El punto de vista: la lente de la mirada

El punto de vista es la perspectiva desde la cual el narrador accede al mundo de la historia. A quién observa, qué sabe de él, qué puede transmitirnos. Es como decidir si la cámara está al hombro de un personaje, en una esquina de la habitación, o en el cielo, mirándolo todo.

Tipos principales de punto de vista

▪**Punto de vista interno (subjetivo).** Nos situamos dentro de un personaje: sentimos con él, pensamos como él, descubrimos el mundo desde sus ojos.

Ejemplo primera persona: «No quería mirar por la ventana. Sabía lo que había ahí fuera, y no podía con ello.»

Ejemplo tercera persona focalizada: «Luis giró el pomo con la mano temblorosa. ¿Y si estaba vacía? ¿Y si la había perdido para siempre?»

Profundidad emocional y la intimidad y tensión psicológica son sus mayores ventajas. En cuanto a sus limitaciones, está la lejanía con respecto a los motivos o pensamientos de otros personajes.

▪**Punto de vista externo (objetivo).** Aquí el narrador no entra en la mente de ningún personaje. Solo narra lo visible, lo audible. Como un periodista que describe una escena.

Ejemplo: «El hombre se acercó, dejó una flor sobre la mesa y se fue sin decir palabra.»

Entre sus ventajas está la neutralidad y misterio, pero también provoca lejanía emocional.

▪**Punto de vista omnisciente.** Es el narrador «dios». Lo ve todo, lo sabe todo, entra y sale de todas las conciencias, se adelanta al futuro, recuerda el pasado, interpreta.

Ejemplo: «Ella pensaba que era libre, pero él ya había tomado la decisión. Ninguno lo sabía aún, pero esa noche cambiaría sus vidas para siempre.»

▪**Punto de vista múltiple.** La historia cambia de perspectiva según el personaje. Cada capítulo o sección adopta el foco interno de un personaje distinto.

Ejemplo:

Capítulo 1: contado por la hija.

Capítulo 2: contado por la madre.

Capítulo 3: contado por un testigo.

Novelas corales, sagas familiares o thrillers con múltiples sospechosos suelen recurrir a esta estructura.

Para elegir el mejor narrador y punto de vista para tu historia, es bueno que te plantees determinadas preguntas de cuya respuesta saldrá la mejor opción. Por ejemplo:

¿Qué nivel de intimidad quiero con el lector?

- Alta: primera persona.
- Media: tercera limitada.
- Baja: tercera objetiva.

¿Quiero manipular la información?

- Sí: narrador limitado o múltiple (ideal para thriller, drama psicológico).
- No: omnisciente (ideal para sagas, épica, realismo social).

¿Quién tiene más que perder en esta historia?

- Quizás esa sea la mejor voz para contarla.

¿Necesito mostrar contradicciones entre personajes?

- Usa narrador múltiple.

¿Quiero mostrar una evolución interna?

• Narrador con punto de vista interno es el mejor canal.

Ejemplos:

Primera persona – Punto de vista interno

Yo sabía que no debía abrir ese sobre. Pero ahí estaba, palpitando sobre la mesa, como si contuviera el ruido exacto de todo lo que no quería recordar. Lo abrí con los dedos temblorosos y el corazón hecho un nudo. Mi nombre estaba escrito con su letra, inconfundible. Me dije que no lloraría. Me mentí.

Narrador protagonista, focalización interna. Solo accedemos a su experiencia, emociones y visión del mundo.

Segunda persona – Punto de vista íntimo/desdoblado

Tú entras sin hacer ruido. Has estado evitando este momento, pero ya no queda escapatoria. La habitación huele igual que hace años. El reloj sigue colgado en la pared, muerto, marcando una hora que nunca fue la tuya. Sabes por qué viniste. Sabes lo que vas a encontrar en el segundo cajón, pero aun así lo abres.

Narrador en segunda persona. El lector es interpelado directamente. Crea intimidad y una sensación de desdoblamiento.

Tercera persona limitada – Punto de vista interno

Elena subió al tren con la mochila colgando de un solo hombro. No había dormido en toda la noche. Se sentó junto a la ventana sin mirar a nadie. Pensaba en la conversación con su madre, en esa frase exacta que no había dicho y que ahora se le atragantaba como una astilla.

Narrador externo, focalización interna: seguimos a Elena y accedemos a sus pensamientos, pero no al de otros personajes.

Tercera persona omnisciente – Punto de vista total

Elena subió al tren sin mirar atrás. Sabía que su madre no la seguiría, aunque lo deseaba. En casa, Isabel intentaba marcar su número por décima vez. Tenía la sensación de que, si la escuchaba solo un momento más, Elena cambiaría de idea. Las dos, en silencio, deseaban lo mismo, pero el miedo podía más.

Narrador externo y omnisciente: accedemos tanto a Elena como a Isabel, a sus pensamientos y emociones en paralelo.

Tercera persona objetiva – Punto de vista externo

Elena subió al tren. Llevaba una mochila colgando de un solo hombro. Se sentó junto a la ventana. En su mano derecha sostenía un teléfono móvil apagado. Miró por la ventanilla hasta que el tren se puso en marcha. Alguien al otro lado de la estación alzó una mano, pero ella no devolvió el gesto.

Narrador externo tipo «cámara»: no accede al mundo interior, solo describe lo visible y lo audible.

Punto de vista múltiple (dos personajes)

(Capítulo 1 – Elena)

No le dejé terminar. Colgué el teléfono con un ges-

to que no me reconocí. Me dolía el estómago, como si lo hubiera golpeado con una verdad que no sabía que tenía dentro.

(Capítulo 2 – Tomás)

No supe si colgó por rabia o por miedo. Me quedé con el auricular en la mano, pensando si era tarde para subir al tren. Tal vez no debía haber callado tanto. Tal vez debí seguirla desde el principio.

Narrador en tercera persona, focalización interna múltiple: cada capítulo adopta la perspectiva interna de un personaje distinto.

Ejercicio

- Intenta reescribir algo de lo que ya has escrito desde otro punto de vista.
- Observa qué información nueva aparece y cómo cambia el tono.
- Si te convence más, revista todo lo escrito y adáptalo al nuevo punto de vista. Si no, continúa con lo que estabas escribiendo.

7. EL TIEMPO Y EL ESPACIO

A estas alturas del curso, ya sabemos que una narración, un relato, una novela, se sostiene sobre varias patas: los personajes y sus acciones, el narrador que nos cuenta la historia, y el espacio en el que todo ocurre.

Pero falta una dimensión más, igual de fundamental. Porque las acciones que protagonizan nuestros personajes no suceden al mismo tiempo, ni en un vacío. Ocurren una detrás de otra, en una sucesión ordenada o desordenada, pero siempre ligada al paso del tiempo. De los días, los meses, los años, o incluso de generaciones. Así entra en escena uno de los pilares esenciales de la narración: el tiempo narrativo.

Y, junto al tiempo, inevitablemente, su gemelo inseparable: el espacio narrativo. Porque no hay historia sin lugar, y cada espacio en el que se desarrollan los acontecimientos dice tanto de la historia como lo que ocurre en ella.

Diferenciar tiempo de historia y tiempo del relato

En términos narrativos, el tiempo tiene dos dimensiones distintas que muchas veces se confunden:

Tiempo de la historia: es el tiempo interno al relato, lo que dura lo narrado. Puede abarcar desde unos segundos hasta siglos. Es el tiempo que viven los personajes.

Tiempo del relato: es el tiempo que ocupa la narración en sí, la cantidad de páginas, frases o capítulos que se dedican a contar esos acontecimientos.

Por ejemplo, una novela puede contar los hechos de una sola tarde y extenderse 400 páginas (como *La señora Dalloway*, de Virginia Woolf), o puede narrar una saga familiar de cien años en apenas cien páginas.

Las formas del tiempo narrativo

El narrador, al contar, puede manipular ese tiempo

como desee, y esa manipulación afecta directamente al ritmo, la atmósfera y el tono.

▪ **Duración.** La duración se refiere a la relación entre el tiempo de la historia y el tiempo del relato. Algunas técnicas comunes son:

Resumen: condensar largos periodos en pocas líneas. «*Durante los siguientes años, se dedicó a escribir y enseñar.*»

- Escena: la narración transcurre casi al ritmo real de los hechos. «*Entró. Cerró la puerta. Se quitó el abrigo y lo colgó con cuidado*».
- Pausa: se detiene la acción para describir o reflexionar. «*La habitación era pequeña, con paredes deslucidas y olor a humedad*».
- Elipsis: se omite un lapso de tiempo. «*Volvieron a verse en otoño*».
- Aceleración o ralentización: recursos para dar tensión o ligereza.

▪ **Orden.** La narración no tiene por qué seguir un orden cronológico. Algunas herramientas:

- Analepsis (flashback): salto al pasado.
- Prolepsis (flashforward): anticipación de un hecho futuro.
- In media res: la narración comienza en mitad de los acontecimientos.
- Circularidad: el final enlaza con el principio.

Frecuencia

Se refiere a cuántas veces se narra un hecho:

- Singulativa: un hecho contado una vez.
- Repetitiva: un hecho contado varias veces, desde distintas perspectivas.
- Iterativa: un hecho que se repite narrado una sola vez. *«Cada tarde, después del colegio, caminaban hasta el río.»*

Los tiempos verbales y su efecto narrativo

La elección del tiempo verbal no es sólo una cuestión gramatical, sino una decisión estética y emocional.

▪ **Narración en pasado.** Es la forma más común y tradicional. Permite narrar con perspectiva, describir con detalle, y jugar con la nostalgia o la distancia emocional. Suele alternar pretérito perfecto simple (acción terminada) e imperfecto (acción en curso o repetitiva).

▪ **Narración en presente.** Otorga inmediatez, urgencia, y cercanía. El lector experimenta los hechos como si estuvieran ocurriendo en ese momento. Ideal para relatos breves, introspectivos o de fuerte tensión.

▪ **Narración en futuro.** Poco utilizada, puede servir para generar anticipación, ironía o efectos experimentales. Se usa con frecuencia en textos proféticos o especulativos.

El espacio narrativo: mucho más que un lugar

El espacio no es un decorado neutro. Es una pieza

narrativa que puede simbolizar emociones, reflejar temas o condicionar las acciones de los personajes.

- **Tipos de espacio**
- Físico: el lugar concreto donde suceden los hechos: una ciudad, una casa, un bosque. Puede ser real o imaginario.
- Psicológico: el entorno emocional del personaje. A veces el espacio refleja su estado interior. Un cuarto cerrado puede simbolizar soledad; un tren en movimiento, huida.
- Social: el contexto cultural, económico, político. Determina cómo viven, hablan o se relacionan los personajes.

Cómo usar el espacio narrativo

- Dale función dramática: el espacio puede ser aliado o amenaza.
- Vincúlalo al personaje: ¿se siente cómodo, extranjero, encerrado?
- Sé coherente: si tu historia ocurre en un pueblo del siglo XIX, no puede haber semáforos ni cafés modernos.
- Dosifícalo bien: no sobrecargues de descripciones. Usa detalles concretos que sugieran atmósfera.

Tiempo y espacio: el binomio inseparable

Ambos elementos no actúan de forma aislada. Se

influyen mutuamente y configuran la identidad de la historia. La misma acción no tiene el mismo sentido si ocurre en una tarde de lluvia o en una noche estrellada; en un barrio obrero o en un palacio. Tampoco es igual si transcurre en un solo día o a lo largo de varias décadas.

Construir bien el tiempo y el espacio significa dar credibilidad y profundidad a tu mundo narrativo.

Preguntas clave

- ¿Cuánto tiempo abarca mi historia? ¿Cómo se distribuye?
- ¿El tiempo narrativo es cronológico, alterado, simbólico?
- ¿Desde qué tiempo verbal quiero que el lector experimente los hechos?
- ¿Dónde ocurre la historia y por qué ahí?
- ¿Qué emociones provoca ese espacio en mis personajes?
- ¿Qué función narrativa tiene ese entorno?

Ejercicio

- Añade un salto temporal que cambie la percepción de lo que ha ocurrido hasta ahora.
- Escribe un flashback que revele un dato clave sobre el protagonista.

8. DOCUMENTACIÓN Y DESCRIPCIÓN

Escribir no exige saberlo todo. Ni siquiera sobre aquello que creemos dominar estamos libres de cometer errores. A veces, un pequeño fallo —como decir que «los hoteles están cerrados» en un momento o contexto incorrecto— puede bastar para que la narración pierda verosimilitud. La documentación no es un trámite; es el cimiento invisible sobre el que se sostiene una ficción creíble.

La documentación no busca llenar la novela de datos, sino evitar los errores que rompen el pacto con el lector. No inventamos por ignorancia, sino por decisión narrativa. Solo así, incluso las invenciones más audaces, se perciben como posibles.

¿Qué significa documentarse en narrativa?

Documentarse es investigar con un propósito: hacer creíble lo inventado. Es el proceso de sumergirse en aquello que no dominamos para dotar de verdad lo que imaginamos. No se trata de coleccionar información, sino de encontrar lo necesario para que los mundos que construimos tengan coherencia interna.

Esto incluye temas históricos, geográficos, culturales, médicos, jurídicos o científicos. No es una labor erudita, sino artesanal. Investigar es mirar el mundo con ojos narrativos.

Diferencias entre investigación y documentación

Aunque a menudo se utilizan como sinónimos, *investigar* y *documentar* son procesos distintos:

▪ **Investigar**. Buscar, leer, entrevistar, anotar. Es el proceso activo de búsqueda de información.

▪ **Documentar**. Filtrar, organizar, conservar lo útil. Es el resultado que usaremos como sustento narrativo.

Podríamos decir que *la investigación es el viaje, y la documentación, el equipaje que nos traemos de vuelta.*

Por qué documentarse antes de escribir?

La documentación no es una fase opcional ni secundaria. La necesitamos para que:

- **La historia tenga precisión y credibilidad.** El lector no debe desconfiar ni tropezar con errores básicos.
- **La ambientación sea sólida.** Lugares, costumbres, olores, horarios, fiestas locales: todo suma en la creación del mundo.
- **Los personajes estén bien fundamentados.** Sus oficios, enfermedades, psicología o gestos deben tener una base realista, incluso si son ficticios.
- **Etapas del proceso de documentación.** Antes de lanzarte a buscar datos sin rumbo, define tus necesidades:
- **Personajes.** Crea fichas detalladas: nombre, edad, historia personal, entorno, ocupación, nivel educativo, creencias. Esto te ayudará a dirigir tu búsqueda documental.
- **Trama.** Anticipa los temas que no dominas. Si

tu historia incluye viajes, conflictos jurídicos, enfermedades, contextos políticos… toma nota de lo que deberás estudiar.

- **Espacio.** Determina si puedes viajar (física o virtualmente) a los lugares donde sucede la historia. Si no puedes ir, busca mapas, blogs, fotografías, vídeos, testimonios. No olvides que el espacio también es una casa, una comida, un acento o una manera de vestir.
- **Tiempo.** Define claramente la época y asegúrate de conocer sus aspectos clave: costumbres, política, transporte, lenguaje, tecnología. Investiga tanto si escribes sobre el pasado como si lo haces sobre el presente o un futuro alternativo.

Tipos de fuentes

▪ **Fuentes documentales**

- Libros
- Enciclopedias
- Artículos académicos
- Webs especializadas
- Mapas históricos
- Documentales
- Estas fuentes son rigurosas y útiles, especialmente para géneros como la novela histórica o la ciencia ficción.

▪ **Fuentes personales**

- Entrevistas a personas reales

- Testimonios
- Biografías
- Un testimonio puede revelar aspectos que ningún manual recoge: olores, ritmos, silencios, contradicciones.

- **Fuentes digitales y redes sociales**
- Aunque no académicas, las redes sociales son espejos culturales. Muestran cómo se habla, se vive, se siente. También puedes usar:
- YouTube: documentales, entrevistas, crónicas visuales.
- Podcasts: análisis, charlas temáticas, narraciones reales.
- Siempre que uses estas fuentes, verifica y contrasta la información.

Cómo organizar la documentación

Una vez recopilada, la documentación debe ser funcional:

- **Clasifica por temas o escenas.** Por ejemplo: medicina, transporte, infancia, años 80, derecho penal…
- **Usa herramientas digitales.** Trello, Notion, Google Drive, Zotero, Evernote. Cada una permite crear etiquetas, carpetas y vínculos entre temas.
- **Crea resúmenes.** No acumules párrafos eternos. Extrae ideas clave. Añade fuentes y enlaces.

- **Haz fichas.** Una ficha para cada personaje, objeto clave o lugar. Añade imágenes si es útil.
- **No sobrecargues la novela con lo aprendido.** El exceso de información resta fluidez. Usa solo lo que aporta a la historia.
- **La descripción:** pintar con palabras
- **Una vez documentado, llega el momento de hacer ver.** La descripción convierte lo sabido en sentido.
- **Describir no es enumerar.** Es crear imágenes sensoriales que transporten al lector. Y para lograrlo, hay que activar los cinco sentidos.

Los cinco sentidos en la descripción

- **Vista:** colores, formas, tamaños, movimientos.
- **Oído:** timbres de voz, ruidos, silencios, música.
- **Olfato:** olores agradables o desagradables. El pan recién hecho, el sudor de un tren, el incienso de un funeral.
- **Gusto:** sabores, texturas. El café amargo, la menta fresca, la comida ácida.
- **Tacto:** calor, frío, aspereza, suavidad, presión, caricia.

Trucos

- **Usa bien adjetivos y adverbios.** No los elimines. Pero tampoco los acumules. **Mejor un sustantivo preciso que uno débil lleno de adornos.** Evita frases como «caminaba rápidamente». Di «aceleró el paso», «cruzó la plaza con zancadas nerviosas».

- **Usa los recursos literarios con medida**
  - **Metáforas y símiles:** Comparan y embellecen.
  - **Personificación:** Da vida a lo inerte.
  - **Hipérbole:** Exagera con intención.
  - **Sinestesia:** Mezcla sentidos (una voz áspera, una luz dulce).
  - **Ironía, oxímoron, anáfora…**

No los sobrecargues. Alterna ritmo y figuras.

- **Lirismo y musicalidad.** La prosa también tiene ritmo. Lee en voz alta. ¿Fluye? ¿Golpea? ¿Cae en el oído? El sonido es sentido.
- **Verosimilitud y emoción.** Lo increíble puede ser creíble si se describe con emoción. A veces, basta una imagen exacta. No abuses de lo exótico. Apuesta por lo preciso.

Qué evitar en la descripción

- **Tópicos:** ojos como faroles, voces que fulminan, silencios sepulcrales.
- **Frases vacías:** «como un saco sin aire», «volteó la cabeza» (inexactas o mal usadas).
- **Lista de adjetivos sin demasiado sentido.**
- **Descripciones inútiles:** si no aporta nada, no lo pongas.

Ejercicio

Documéntate sobre ese tiempo al que ha ido tu protagonista, y describe con detalles alguna de las escenas que has escrito en el ejercicio anterior.

9 LOS BLOQUEOS

Llega un momento —y si aún no ha llegado, llegará— en que el escritor se detiene. Las ideas no fluyen, la historia parece que se le escurre entre los dedos, o, simplemente, las palabras se resisten a salir. Ese momento, tan temido como inevitable, tiene un nombre que todos reconocemos: *bloqueo literario.*

El bloqueo puede presentarse de muchas formas. A veces se instala al principio, cuando uno quiere escribir pero no sabe sobre qué. Otras, aparece justo en medio del proceso: la historia ha avanzado, pero algo no encaja y el relato se detiene. También puede colarse en el final, esa zona brumosa donde las decisiones importan más y todo parece cuestionable. El bloqueo no es siempre absoluto. Puede ser como una niebla densa que paraliza cada palabra —eso sería un bloqueo total— o una molestia ligera pero persistente: sigues escribiendo, pero sin confianza, sin conexión, sin alegría.

Hay días en los que te sientes desconectado del texto, como si no fuera tuyo. Días en los que no sabes hacia dónde va la historia o incluso si va a alguna parte. Es posible que estés atrapado en una escena, una subtrama, un giro de personaje. O que el bloqueo venga disfrazado de una pregunta insidiosa: *¿realmente esto vale la pena?* El problema es que esa sensación —ese pensamiento que te susurra que estás perdiendo el tiempo— *no es necesariamente verdad*, pero tampoco se puede ignorar sin más.

Por eso, lo primero es *detectar* qué tipo de bloqueo estás atravesando. Solo así podrás actuar.

¿Por qué nos bloqueamos al escribir?

Existen muchas causas posibles. A veces es una sola, a veces son varias. Algunas se enredan con otras. Lo importante es que *todas* tienen solución si se identifican con honestidad.

A continuación, repasamos diez causas frecuentes —aunque no las únicas— que pueden llevar al temido parón.

- **El tema no es el tuyo.** No todas las historias nos pertenecen. Puedes estar intentando escribir sobre algo que no te conmueve, que no has vivido o que simplemente no te interesa lo suficiente. Tal vez elegiste ese tema porque está de moda, porque parecía fácil o porque alguien te lo sugirió. Pero si no conecta contigo, se nota. La escritura se vuelve forzada. Te conviertes en un mercenario. Y eso, tarde o temprano, bloquea.

- **El miedo.** Es la gran sombra. *No soy bueno. Esto es ridículo. Nadie lo va a leer. Me estoy engañando.* El miedo se disfraza de muchas cosas: perfeccionismo, procrastinación, autoexigencia. Pero en el fondo es siempre lo mismo: miedo a fallar. A ser mediocre. A no estar a la altura.

- **Distracciones reales.** La vida sigue, incluso cuando escribes. Problemas familiares, económicos, laborales, de salud... Todo eso puede interrumpir tu ritmo creativo. Escribir requiere foco, energía y tiempo. Y a veces, simplemente, **no los tienes**. No porque no quieras, sino porque no puedes.
- **Ni una idea... o demasiadas.** A veces, el bloqueo es simplemente eso: la mente en blanco. O, al contrario, tan llena de ideas que no sabes por dónde empezar. Ambas situaciones te dejan paralizado.
- **Exigencia excesiva.** Crees que tienes que hacerlo perfecto. Que tu historia debe ser brillante, original, impecable. Entonces empiezas a revisar lo escrito y te parece flojo, torpe, inmaduro. Y paras. La exigencia, en lugar de ayudarte a crecer, te encierra.
- **Falta de planificación.** Has empezado con entusiasmo, pero no sabes adónde vas. Has creado personajes, escenas, conflictos... pero no tienes una brújula narrativa. Sin rumbo, la historia se deshace.
- **Falta de tiempo.** No encuentras el momento. Y cuando por fin te sientas, estás agotado. Tu tiempo para escribir se reduce a migajas, y con esas migajas no puedes construir mucho. Así que te frenas. Y te frustras.

▪ **Falta de ganas.** No es que no puedas, es que no quieres. O eso crees. Quizá solo estás cansado. Tal vez has perdido la motivación. Es normal: la escritura consume. Roba energía, pide entrega, exige paciencia.

▪ **Cansancio mental o desequilibrios químicos.** El cuerpo y la mente son una misma cosa. A veces el bloqueo no tiene nada que ver con lo literario, sino con un *desequilibrio emocional o físico.* Estás bajito de ánimo, nervioso, disperso. Tu creatividad necesita que estés bien, o al menos en equilibrio.

▪ **Falta de autocrítica (o exceso de ella).** Hay quien usa el bloqueo como excusa. Como una forma de no enfrentarse al texto. Pero también hay quien **se maltrata tanto** que no puede continuar. Ambos extremos son peligrosos.

Bloqueado, sí. ¿Y ahora qué?

Estar bloqueado no significa que no seas escritor. Tampoco quiere decir que lo que estés escribiendo sea malo, o que nunca más vas a volver a escribir. El bloqueo es parte del oficio. El verdadero reto no es evitarlo, sino *saber convivir con él.*

A menudo, el bloqueo es simplemente una señal. Algo no está funcionando: la historia, el ritmo, tu estado de ánimo. Hay que *escuchar esa señal,* y no ignorarla. Pero tampoco exagerarla.

Para desbloquearse, hay que trabajar en dos niveles: *capacidad y hábito.*

Capacidad: saber contar lo que quieres contar

Escribir mejor no es una cuestión de talento innato. Es cuestión de herramientas. Si sientes que te falta algo, tal vez es porque aún no has trabajado suficiente la idea. Tal vez necesitas planificar mejor. Volver al inicio. Revisar el narrador, el punto de vista, los arcos. Cuanto más claro tengas lo que vas a contar, *menos espacio habrá para el bloqueo*.

Y por supuesto: *leer*. Leer te entrena, te inspira, te devuelve la fe.

Hábito: escribir aunque no tengas ganas

No es tu trabajo principal. No te pagan por hacerlo. Pero si quieres escribir, tienes que *crear el hábito*. Una hora al día. Dos a la semana. Media hora los domingos. El tiempo que puedas, pero *regularmente*. La escritura no vive solo de inspiración: necesita constancia.

Cómo superar el bloqueo

A continuación, algunas estrategias para ayudarte a salir de él. Algunas te servirán más que otras. Prueba. Experimenta. Encuentra tu camino.

- **Acepta el bloqueo.** No te castigues. No lo veas como un fracaso. Es parte del proceso. Dale espacio, sin convertirlo en excusa. No escribas desde la culpa.
- **Descansa.** A veces, el bloqueo es puro cansancio. Entonces, la mejor medicina es *parar*. Ponle fecha de regreso, pero desconecta. Haz otra cosa. Vive. Respira.

▪ **Cambia de actividad.** Ve al cine, pasea, viaja. Habla con otras personas. Sal de tu cabeza. La creatividad también necesita oxígeno. Lo mejor de las ideas es que muchas veces *llegan cuando no las estás buscando.*

▪ **Haz deporte.** El cuerpo y la mente están conectados. Una caminata larga, una clase de yoga, una sesión de natación... cualquier cosa que te saque del asiento puede ayudarte a *despejarte y a recuperar el deseo de crear.*

▪ **Escribe igual.** Escribe aunque no te salga. Escribe mal. Escribe basura. No importa. Lo importante es *mantener el músculo activo.* Ya corregirás después.

Ejercicios para romper el bloqueo

A veces, necesitamos ayuda externa. Algo que nos saque de la parálisis. Aquí tienes algunas ideas:

▪ **Escritura libre.** Escribe sin pensar. Pon el cronómetro en 10 minutos y no levantes el bolígrafo (o no dejes de teclear). No importa lo que salga. Lo importante es *romper la inercia.*

▪ **Juegos de palabras.** Usa dados de historias, tarjetas con palabras, frases sacadas de libros abiertos al azar. Lo importante es activar la imaginación con algo inesperado.

▪ **Historias orales.** Escribe algo que alguien te haya contado alguna vez. Una anécdota familiar. Una escena de tu infancia. Un recuerdo deformado.

- **Autoficción.** Habla de ti. Empieza por ti. Escribe algo que te haya pasado, con otro nombre, en otro lugar, como si fuera ficción.
- **Redescubre tu motivo.** ¿Por qué escribes? ¿Qué es lo que te mueve? ¿Qué historia no puedes dejar de contar? Conecta con eso. Regresa al origen.

<u>Ejercicio</u>

- Si no sabes cómo continuar, escribe una escena fuera de la línea principal de la trama, como un sueño del protagonista o una carta que nunca enviará.
- Luego busca la forma de integrar esa escena en la historia o usarla para entender mejor al personaje.

9. PUNTO FINAL

Un buen final debe ser *satisfactorio desde un punto de vista emocional,* una conclusión lógica del arco narrativo que hemos venido trabajando desde el principio de todo. Han pasado meses —o incluso años— desde que nos sentamos por primera vez frente a la página en blanco con una gran pregunta dramática en mente. Desde entonces, desarrollamos personajes, conflictos, escenarios y acompañamos a nuestros protagonistas a través de un viaje lleno de descubrimientos y heridas. Y ahora, tras todo ese trayecto, llegamos a la gran pregunta: ¿cómo se cierra una historia para que no se desmorone? ¿Cómo terminarla sin traicionar al lector, al personaje, o a nosotros mismos?

El final como respuesta emocional y narrativa

Incluso aunque no hayamos escrito desde una planificación rigurosa, incluso si somos escritores de brújula —de esos que descubren la historia mientras escriben—, *sabemos que todo lo escrito se ha ido encaminando hacia un objetivo.* Y ese objetivo, aunque aún difuso, exige un cierre digno, lógico y coherente.

Pero cuando decimos que un final debe ser «satisfactorio» no hablamos de finales felices, ni de justicia poética. *Satisfactorio quiere decir que se cumplan las expectativas que el escritor ha sembrado a lo largo del texto* y que el lector, al cerrar el libro, sienta que la historia no podía haber ocurrido de ninguna otra manera.

Ese es el auténtico efecto deseado: *la sensación de inevitabilidad,* de orquestación. Una sucesión de hechos que no solo entretenga o emocione, sino que *haga sentido.*

La pistola de Chéjov y los cabos sueltos

Tal vez hayas oído hablar de la famosa «pistola de Chéjov». El dramaturgo ruso sostenía que si en el primer acto de una obra aparece una pistola colgada en la pared, esa pistola *tiene que dispararse antes del final.* De lo contrario, no debía estar ahí.

Esto no es solo una regla de economía narrativa. Es también un recordatorio de que *toda información que aparece en una historia debe tener un propósito.* Si introduces elementos que luego no se desarrollan, el lector se sentirá frustrado. Si siembras sin recoger, si haces promesas narrativas sin cumplirlas, el lector percibirá el vacío.

Y el resultado será un final fallido.

¿Cuándo debe terminar una historia?

Cuando el conflicto se ha resuelto. Esa es la señal.

No antes, para no dejar al lector con preguntas que sí debían ser contestadas. No después, para no caer en el error del *anticlímax*, ese momento de dilución, donde la tensión narrativa cae y se prolonga innecesariamente la despedida.

Cuando se resuelve el conflicto central, el clímax ha pasado y el protagonista ha cambiado —aunque sea mínimamente— es momento de cerrar.

Errores frecuentes al acercarse al final

A veces, por inseguridad, por emoción, o simplemente por inercia, cometemos errores justo cuando más atención deberíamos prestar. He aquí *algunos errores comunes que debes evitar:*

- **Introducir nuevos personajes:** A esas alturas, el lector ya está comprometido con un elenco concreto. Cualquier nueva figura será percibida como una intrusión, y si además cumple un papel importante, parecerá un *deus ex machina.*

- **Abrir nuevas subtramas:** El final no es el momento de dispersarse. Es el tiempo de cerrar, no de abrir. Nuevas tramas diluyen la fuerza del desenlace.
- **Reducir el ritmo de forma brusca:** Al aproximarte al clímax, el ritmo narrativo debe *acelerarse,* no al revés. Esto implica reducir descripciones, evitar digresiones y mantener el foco en lo esencial.

Tipos de finales

Según el desarrollo de la historia:

- **Cerrado:** Todas las preguntas tienen respuesta. Se cierra el círculo.
- **Abierto:** Se dejan hilos sueltos a propósito. El lector debe construir parte del final.
- **Circular:** El personaje vuelve simbólicamente —o literalmente— al punto de partida.
- **Según la emoción provocada:**
    - Feliz: Triunfa el amor, la justicia o la esperanza.
    - Triste: El conflicto se resuelve con pérdida.
    - Trágico: No solo hay pérdida, sino que esa pérdida es inevitable y devastadora.

Elementos clave para un buen final

- **Mantener el ritmo.** No aceleres innecesariamente. Respeta el ritmo que ha tenido la novela.
- **Mantener el tono.** Si has usado un tono lírico,

íntimo, humorístico, irónico... no lo traiciones en el cierre. La armonía tonal es fundamental.

- **Coherencia interna.** Las pistas que diseminaste deben encajar. El lector debe sentir que todo fue parte de un plan.
- **Causalidad, no casualidad.** Las acciones de los personajes deben tener consecuencias. Las casualidades injustificadas debilitan la estructura narrativa.

Finales que sorprenden: cómo lograr el equilibrio

A veces queremos que el final *sorprenda*, que el lector diga «¡no lo vi venir!» Pero ojo: *la sorpresa debe ir de la mano con la coherencia.* No hay mayor decepción que un giro inverosímil.

La ecuación es esta:

Sorpresa + Coherencia = Emoción

Para lograrlo:

- Introduce pistas verdaderas y pistas falsas (Red Herrings).
- Aumenta la dificultad de los obstáculos cerca del final.

Usa el recurso del *portal cerrado* (parece que todo está perdido) o el *portal abierto* (parece que todo saldrá bien), y juega con esa expectativa antes del desenlace.

Ejercicio

- Imagina la última escena antes de tener toda la historia escrita.

- Piensa qué imagen o frase final dejaría al lector con una sensación fuerte.

¿Cuándo dejo de trabajar en mi novela?

La respuesta a esta pregunta es más personal. La escritura puede volverse un ciclo sin fin si no aprendemos a soltar. Podemos revisarla eternamente, corregirla hasta el agotamiento... como Penélope, destejiendo de noche lo que hilamos de día.

Pero hay un momento en el que hay que decidir: basta.

Dejarla reposar, compartirla con lectores de confianza, aceptar sugerencias útiles y desoír las que no encajan. Corregir de nuevo, respirar hondo y dar por finalizado tu trabajo.

Ejercicio

- Revisa todas las escenas escritas y ordénalas para que formen un esqueleto narrativo completo.
- Cierra con un título provisional para tu historia y un párrafo que explique qué querías contar realmente.

El mercado editorial: cortar el cordón umbilical

Cuando creemos que ya hemos terminado, que todo encaja, que hemos conseguido cerrar nuestra historia con coherencia emocional y narrativa, todavía queda una última fase fundamental: *la revisión final y el proceso de publicación.*

Pero antes, un paso imprescindible: *dejarla respirar.*

Sí, debemos darle aire a nuestra historia, apartarla un tiempo prudencial para que, al volver a ella, podamos verla con otros ojos. La distancia es la única forma de detectar erratas, fallos de coherencia, tramas mal cerradas o frases innecesarias. Es ese momento en que comprendemos que una escena puede ser más potente si simplemente la quitamos, o que una línea de diálogo se puede afilar para que brille aún más.

Mientras tanto, puedes entregarla a *lectores de confianza,* los llamados *lectores cero*. Estos no son lectores cualquiera. Son personas que te conocen lo suficiente como para darte una crítica sincera, constructiva, pero también con el suficiente criterio narrativo como para ayudarte a identificar puntos débiles, escenas confusas o personajes desdibujados. Tres o cuatro bastan. Más, y te perderás entre opiniones contradictorias.

No se trata de seguir todas sus recomendaciones, sino de incluir las que consideres que mejoran la obra sin traicionar tu voz como autor.

Otra alternativa es recurrir a servicios profesionales de corrección y edición. Cada vez hay más empresas y profesionales que se dedican a ofrecer ese acompañamiento técnico: ortotipografía, estilo, estructura narrativa, incluso informes de lectura profesional. Y si decides publicarla, ese trabajo de pulido será fundamental para lo que viene a continuación.

¿Qué opciones tengo para publicar mi obra?

El proceso de publicación no es único ni universal. *Existen diferentes caminos,* y cada uno tiene sus ventajas y exigencias.

Los más frecuentes son:

- **Publicación tradicional.** La editorial apuesta por ti. Asume los costes de producción, edición, maquetación, distribución y promoción. Tú, como autor, cedes los derechos de explotación (aunque no la propiedad intelectual) y cobras un porcentaje de las ventas, normalmente entre el 8 y el 12%.

¿Lo mejor? Visibilidad, alcance, presencia en librerias, prestigio.

¿Lo más complejo? Llegar hasta ahí. No es fácil que una editorial grande apueste por un autor desconocido, a menos que haya ganado un premio literario, esté representado por una agencia o cuente con un perfil público importante.

Además, *no todas las editoriales aceptan manuscritos no solicitados,* y si lo hacen, el proceso de evaluación puede tardar meses —o incluso años— en completarse.

¿Qué editoriales existen? El panorama editorial está dominado por dos grandes grupos:

- **Grupo Planeta**, con más de 70 sellos, desde narrativa hasta cocina o empresa. Incluye nombres como Seix Barral, Tusquets, Espasa, Austral, Booket o Lunwerg.

- **Grupo Penguin Random House,** con más de 50 sellos como Alfaguara, Plaza & Janés, Lumen, Grijalbo, Ediciones B, Suma, y muchos más.

Ambos grupos controlan medios de comunicación, cadenas de librerías, y organizan los premios literarios más prestigiosos (Premio Planeta, Premio Alfaguara, etc.). Publican miles de títulos al año.

Pero no están solos. *Existen editoriales independientes,* algunas de gran prestigio.

Publicar con una de estas editoriales puede ser más accesible, pero igualmente competitivo. Requieren una propuesta literaria de calidad y bien presentada.

El proceso de edición en una editorial convencional

Supongamos que has conseguido interesar a una editorial. Este será el proceso habitual:

- **Firma de contrato.** Se pacta la cesión de derechos de explotación (no de autoría), el porcentaje de beneficios, posibles adelantos, y otras condiciones como duración del contrato (suele ser entre 7 y 15 años), gestión de traducciones o adaptaciones.
- **Edición y corrección.** El editor asignado acompaña el texto desde su recepción hasta la impresión final. Puede sugerir cambios estructurales, de estilo o de ritmo. Es un trabajo conjunto, aunque tú conservas la última palabra sobre lo narrativo.

▪ **Maquetación y portada-** Diseñadores y maquetadores convierten tu manuscrito en un libro. Se trabajan las galeradas (versiones previas antes de impresión), se diseña la portada y se decide el aspecto final del libro.

▪ **Precampaña.** Mientras se imprime el libro, el equipo comercial comienza a presentarlo a librerías. Se planifica una estrategia de lanzamiento, lecturas, presentaciones, notas de prensa y, si hay suerte, entrevistas.

Ciclo vital de un libro

▪ **Lanzamiento.** Durante las primeras semanas, el libro puede ocupar la «mesa de novedades» en librerías. Ese espacio es oro: es visible, vende más. Pero dura poco. Si no se vende bien, el libro puede ser devuelto a la editorial.

▪ **Permanencia.** Durante los siguientes meses, el libro pasa a estantería, donde solo se verá el lomo. Si se siguen vendiendo ejemplares, habrá reposiciones. Si no, se considera agotado o se devuelve al editor.

▪ **Reimpresión, reedición o desaparición**

- Reimpresión: nueva tirada sin cambios.
- Reedición: nueva tirada con pequeños cambios.
- Edición revisada: cambios mayores.

▪ **Cambio de formato:** por ejemplo, a bolsillo o edición ilustrada.

- **Fin del ciclo.** Si no hay ventas, los ejemplares sobrantes pueden devolverse, saldarse o destruirse. El autor puede comprarlos con descuento, si lo desea.

¿Y si autopublico?

Durante mucho tiempo se pensó que *autopublicar era «autoengañarse»*, una especie de vía alternativa para libros «no lo suficientemente buenos». Pero eso ha cambiado. Drásticamente.

Hoy, *la autopublicación es una opción legítima, válida y, en muchos casos, poderosa*. El autor controla el proceso, toma todas las decisiones y se queda con el 100% de los beneficios. Pero también asume los riesgos, los costes y las tareas que antes hacía una editorial.

Diferencias clave: Autoedición vs. Autopublicación

- **Autoedición:** El autor hace todo por sí mismo, incluso corrección y maquetación. Ideal para libros digitales o con presupuesto limitado.

- **Autopublicación:** El autor contrata servicios profesionales. Corrección, diseño, maquetación, impresión, distribución y marketing, a través de plataformas como Amazon KDP, Caligrama (Grupo Planeta), o empresas independientes como Círculo Rojo, Letrame, etc.

Ventajas:

- Control total
- Más beneficios
- Más rapidez
- Libertad creativa
- Inconvenientes:
- Coste inicial
- Mayor esfuerzo de promoción
- Menor prestigio (aunque esto cambia rápido)

Autores como Elizabeth Benavent, Javier Castillo, Eloy Moreno o Eva García Sáenz de Urturi comenzaron autopublicando. Luego vinieron las editoriales. O no. Porque muchos siguen autopublicando *por decisión propia.*

El manual termina, y algún día, más pronto que tarde, las novelas en las que estáis trabajando, terminarán también. Puede pareceros que no, que nunca estarán terminadas del todo, pero habrá un momento en el que tendréis que dejarlas ir, o empezar a dejarlas ir. Hemos abordado el tema de las dificultades que muchas veces tenemos para terminar nuestras novelas. No importa si hemos escrito muchas, pocas o ninguna. No conozco a nadie que no sienta cierto temor cuando se acerca el final. ¿Interesará a alguien? ¿Se publicará? ¿La destrozarán los críticos? ¿Tendré el éxito que merezco?

Dijo Virginia Wolf que el placer de publicar es menor que el placer de escribir.... es verdad, pero también es mentira. Escribimos porque queremos comunicarnos con los demás. De hecho, necesitamos comunicarnos con los demás, y la comunicación tiene muchas características pero yo voy a destacar dos:

- Es anterior al hecho de escribir. La gente se contaba historias alrededor de una hoguera y en las paredes de las cuevas antes de inventar la escritura.
- Necesita un retorno. El neandertal quería saber qué les parecían a los otros neandertales sus historias, y nosotros queremos saber qué piensan los demás sobre lo que hemos escrito, y, sobre todo, qué sienten los demás sobre lo que hemos escrito.

Y para eso, necesitamos darle salida, publicarlo, a pesar de lo que dijo Alejandro Magno. Por influencia de Aristóteles fue un gran lector, hasta el punto de que bajo su almohada, junto a la daga, por si le atacaban, dejaba siempre la copia de la *Ilíada* de Homero que había sido corregida por Aristóteles. Y Aristóteles, llegado el momento, decidió publicar las lecciones que le había impartido oralmente. Cuando se enteró Alejandro le escribió, y le dijo: «No has hecho bien en publicar tus libros de doctrina oral; pues, ¿en qué aventajamos a otros ahora, si las cosas en las que hemos sido particularmente instruidos se revelan a todos?»

Pero, a pesar de la lógica prevención de Alejandro, todos podemos entender a Aristóteles.

Los escritores somos comunicadores. Queremos comunicar. Queremos provocar la reacción de otros.

Queremos ser leídos.

Dijo el escritor Ricardo Menéndez Salmón que escribiésemos como si nunca fuésemos a publicar. Y tiene razón también. Pero también le falta razón.

Si lo hiciésemos así podría pasar que nunca terminásemos nuestra novela, que no nos esforzásemos por hacer nuestra parte, total, no me va a leer nadie; o, lo que es peor, que no nos tomásemos en serio como escritores, que es lo que somos, somos escritores.

Pero es verdad, es cierto, que publicar no siempre es un camino fácil, sobre todo si lo que tenemos en mente es la edición llamada «tradicional». Aunque si pensamos que edición tradicional que es una editorial te edite la obra y te pague por ello mientras tú te olvidas, nos contamos una historia que no es la real.

Juan del Encina, autor del renacimiento español, pagó por publicar sus obras, lo mismo que el Arcipreste de Hita. Lo mismo que Walt Withman con su primer poemario; igual que Virgina Woolf, que no autoeditó, o sí, porque fundó con su marido Hogart Press, una editorial que publicó Una habitación propia, entre otras. Y Oscar Wilde, autopublicó también. Y Marcel Proust no solo pagó por publicar la primera parte de En busca del tiempo perdido, Por el camino de Swann, sino que se gastó dinero para conseguir críticas elogiosas.

Es decir, no todo es tan tradicional, no todo es tan nuevo.

Stephen King tardó años en publicar con éxito, y uno de sus trabajos de más largo recorrido es, precisamente, un libro –*Mientras escribo*– en el que comparte técnica y experiencias. Nada mejor que fracasar para saber por qué seguirnos adelante con esto. Cierro este manual con uno de sus párrafos, que es oro puro para todo aquel que como tú, como yo, queremos «escrivivir».

Escribir no es una cuestión de ganar dinero, hacerse famoso, ligar mucho ni hacer amistades. En último término, se trata de enriquecer las vidas de las personas que leen lo que tú haces, y, al mismo tiempo, enriquecer la tuya. Es levantarse, recuperarse y superar lo malo. Ser feliz, vaya. Ser feliz. [...] Escribir es mágico; es, en la misma medida que cualquier otra arte de la creación, el agua de la vida. El agua es gratis. Con que bebe. Bebe y sacia tu sed.